经济管理理论与创新发展研究

王秀亭　刘林海　黄静玮◎著

哈尔滨出版社

图书在版编目（CIP）数据

经济管理理论与创新发展研究/王秀亭，刘林海，
黄静玮著.—哈尔滨：哈尔滨出版社，2023.9
ISBN 978-7-5484-7473-9

Ⅰ.①经… Ⅱ.①王… ②刘… ③黄… Ⅲ.①经济管
理—理论研究 Ⅳ.①F2

中国国家版本馆 CIP 数据核字(2023)第 184464 号

书　　名：经济管理理论与创新发展研究
JINGJI GUANLI LILUN YU CHUANGXIN FAZHAN YANJIU

作　　者：王秀亭　刘林海　黄静玮　著
责任编辑：孙　迪

出版发行：哈尔滨出版社（Harbin Publishing House）
社　　址：哈尔滨市香坊区泰山路82-9号　邮编：150090
经　　销：全国新华书店
印　　刷：北京四海锦诚印刷技术有限公司
网　　址：www.hrbcbs.com
E - mail：hrbcbs@yeah.net
编辑版权热线：（0451）87900271　87900272
销售热线：（0451）87900202　87900203

开　　本：787mm×1092mm　1/16　印张：10.5　字数：185千字
版　　次：2023年9月第1版
印　　次：2023年9月第1次印刷
书　　号：ISBN 978-7-5484-7473-9
定　　价：68.00元

凡购本社图书发现印装错误，请与本社印制部联系调换。
服务热线：（0451）87900279

前　言

随着我国国内生产总值 GDP 的不断发展，各个行业的经济都取得了飞速的发展，在这里经济管理工作发挥了重要作用，其不仅有效调节了我国的经济发展，还对我国国民的经济活动与社会经济活动起到了充分的促进作用，使其取得了前所未有的成绩。但一成不变的管理运行机制不利于企业长期稳定发展，企业要想在市场中占有一席之地，就需要不断改革和创新。从企业经济管理现状来看，管理层在企业经济管理方面能够愿意接纳新理念，不断为企业赋能也是为企业带来动力的另一可行渠道。

基于此，本书首先阐述经济与管理关系、经济管理内容、经济管理的价值及创新；其次，研究经济管理的价格理论，通过对价格和消费者行为的分析了解需求、供给与均衡价格、消费者行为理论、生产与成本理论、生产要素市场理论；再次，讨论国民收入与经济发展，形成发展战略和调节方法；然后，探讨管理学原理，了解管理关系与管理方法；此外，解读企业的经济与管理，探究企业管理活动及其在经济发展中的作用；另外，论述营销视角下企业经济管理的创新发展；最后，在财务视角下了解企业经济管理的创新发展，依靠数字化时代发展，优化其流程。

本书体系完整，视野开阔，层次清晰，力争用简洁的语言进行剖析与说明，使读者能够一目了然，希望借此可以增加读者对经济管理体系的认知，并寻得创新思路。

作者在写作过程中，得到了许多专家学者的帮助和指导，在此表示诚挚的谢意。由于作者水平有限，加之时间仓促，书中所涉及的内容难免有疏漏之处，希望各位读者多提宝贵意见，以便笔者进一步修改，使之更加完善。

目　　录

第一章　经济管理概述

第一节　经济与管理的关系

一、经济的定义

经济是人类社会存在的物质基础。与政治一样，经济也属于人类社会的上层建筑，是构建人类社会并维系人类社会运行的必要条件。在不同的语言环境中，"经济"一词有不同的含义。它既可以指一个国家的宏观的国民经济，又可以指一个家庭的收入和支出。"经济"有时作为一个名词，指一种财政状态或收支状态；有时候也可以作为动词使用，指一种生产过程等。

随着时代的变迁，"经济"一词逐渐具备了现代社会中人们经常使用的含义。在日常生活中，人们普遍认为经济是指在资源有限的情况下追求最佳资源分配，包括物质和财务方面，同时也指涉及个人或组织的收支状况。

到了现代，由于不同的学者从不同的角度来解释经济，其意义更加广泛。在西方经济学家看来，经济是经济学的研究对象，需要对其进行定义。西方经济学中的"经济"一词的定义比较模糊，因此西方经济学中经济学的定义也不明确。

目前，国内不同的学者从不同的角度，也给出了经济不同的定义，如经济是指创造财富的过程；经济是指利用稀缺的资源生产有价值的商品，并将它们分配给不同的个人；经济是指资源配置的全过程及决定影响资源配置的全部因素等。

因此，一般认为经济就是稀缺资源的配置和稀缺资源的利用。

二、管理的定义及其作用

管理这一概念有多重含义，有广义的管理和狭义的管理，在不同的时代、不同的社会制度和不同的专业下，对管理的理解也是不同的。生产方式的社会化程度不断提高，人类的认知领域也在不断扩大，人们对管理现象的理解也在逐步提高。管理的含义：管理的目的是有效地实现组织的目标；管理的手段是计划、组织、协调、领导、控制和创新等活动；管理的本质是协调，即利用上述手段来协调人力、物力、财力等方面的资源；管理的对象是人力资源、物力资源、财力资源和各项职能活动；管理的性质是人的有目的的社会活动。

管理活动自古有之。长期以来，人们在不断的实践中认识到管理的重要性。20世纪以来的管理运动和管理热潮取得了令人瞩目的成果，成果之一就是形成了较为完整的管理理论体系。

管理是促进现代社会文明发展的三大支柱之一，它与科学和技术三足鼎立。管理是促成社会经济发展的最基本的关键因素。发展中国家经济落后，关键是管理落后。先进的科学技术与先进的管理是推动现代社会发展的"两个轮子"，二者缺一不可。经济的发展需要依托于丰富的资源和先进的生产技术，但同样需要组织经济的能力，也就是管理能力。从这个层面上来看，管理即为一种资源，是"第三生产力"。

在研究国与国之间的差距时，人们已把着眼点从"技术差距"转到"管理差距"上来。由此可见，先进的技术，要有先进的管理与之相适应，否则落后的管理就不能使先进的技术得到充分发挥。管理在现代社会发展中起着极为重要的作用。

三、经济与管理

经济与管理是相互联系的，所有的经济活动中都含有管理活动，所有的管理活动都是在一定的经济规律指导下进行的。经济与管理都有自己的客观规律，与自然规律一样，在一定的社会历史条件下的经济规律、管理规律，也具有自己的客观性。人们既不能消灭也不能创造与制定这些经济规律、管理规律，任何管理活动都必须遵循经济规律，按照经济规律的要求办事，否则就要受到经济规律的惩罚。

（一）管理与经济效益

经济利益是推动企业发展和员工发展的动力源泉，经济效益是检验企业管理绩效的重要指标。如何使两者得到兼顾与协调，是经济管理中一个重要问题。

1. 经济利益

经济利益是物质的统称，是指在一定社会经济形式下，人们为了满足需要所获得的社会劳动成果。经济关系能够通过经济利益体现出来，经济利益是人们从事社会生产活动和其他社会活动的物质动因，从根本上说，人们为了获得自己生存需要的物质、文化、生活资料，即物质利益，必须进行管理活动，有效地管理才能实现社会经济利益。在获得物质利益和个人利益的过程中，一个人的管理能力起到主要作用，而个人的素质也是首要条件。在很多情况下，个人利益可以等同于社会利益，但在一些特殊的情况下，不能将二者等同起来。个人利益要服务于社会利益时，或者说需要管理者能够自觉地以社会利益去约束自己的个人利益时，管理者的素质高低将起到关键作用，加强管理者素质教育与培养，不是完全忽视个人利益，而是使管理者了解人们的利益驱动来进行管理，实现个人利益和社会利益的统一。

2. 管理与经济效益的联系

经济效益的高低与管理有很大关系。企业中管理规范，就会在生产同等成果的条件下，减少生产中的劳动占用和劳动耗费；或在劳动占用和劳动耗费相同的条件下，多生产一些劳动成果。

经济效益的高低能够反映出管理水平的优劣。企业的经济效益是衡量企业管理水平的重要尺度。根据实际的市场需求，使用先进的技术，降低生产成本，不断完善企业管理和提高管理水平的企业，一般都会产生好的经济效益。

（二）经济规律与管理活动

1. 经济规律制约下的管理行为

任何一种经济活动都需要有人去管理，没有管理的经济活动是不存在的。从某种意义上说，企业经营的状况和变化，都是经济规律制约下一定管理行为的结果。有什么样的管理，就会有什么样的经济状况。一定的经济状况，又反映了管理活动的相应水平，这是经济规律制约下管理活动的普遍规律。在社会主义市场经济条件下，宏观经济意义上的管理是指在自觉掌握和运用社会发展、经济发展客观规律的前提下对整个社会以及国民经济的性质、任务、特点、条件等进行估量分析以及科学的预测，制定社会和国民经济的发展方针、计划、目标、政策和制度，确定其发展的根本原则和方法。微观经济意义上的厂商管理和家庭管理都是在追求利润或效用最大化，企业要按照自主经营、自负盈亏依靠市场导向进行管理，这种管理水平则直接影响经济实体的经济效益、竞争力和兴衰存亡。

宏观管理一般包括广义的社会管理、经济管理、信息与发展的管理以及对其各自领域的管理对中观管理和微观管理起引导、指导和向导的作用。如果没有科学的宏观管理，整个经济环境不好，企业的经济活动也无法正常实施。宏观经济意义上的管理最主要体现在国民经济管理上，国民经济管理是广泛运用社会科学、自然科学、技术科学等多学科知识，研究宏观经济运行规律及其管理机制，它主要研究对国民经济进行科学的决策、规划、调控、监督和组织，以保证整个国民经济的有效运行，主要包括消费需求管理、投资需求管理、经济增长调控、产业结构转换与产业组织优化、区域经济管理、涉外经济管理、收入分配调控与社会保障等。

由此可见，在人类历史的长河中，管理活动和经济活动历来就像一对无法分离的亲兄弟，更明白地说，任何一种管理活动都是经济活动中的管理活动。

2. 经济规律指导下的经济管理活动

在现实经济生活中，任何管理活动都必须遵循客观的社会规律、经济规律和社会心理规律等，其中经济管理活动必须在经济规律的指导下进行。经济规律是指在商品生产、服务和消费等过程中各种复杂的经济联系和现象的规律性。经济规律是经济现象和经济过程内在的、本质的、必然的联系。比如供求规律，就是指市场上的商品价格由商品供求状况来做出决定的规律，供求双方或其中任何一方的变动，都会引起商品价格的变动，这个规律是客观存在的。企业管理者在投资、生产、销售、定价等过程中，就必须掌握和应用经济规律，不能违背，因为经济规律是客观存在的，是不以人们的意志为转移的。尊重经济规律，是每一个管理工作者应有的科学态度，人们可以认识和利用经济规律，但不能无视经济规律，凡是不按照经济规律办事的做法，不管当时的动机如何，最终都不可避免地要受到经济规律的处罚。

第二节　经济管理及其研究内容

一、经济学研究内容

随着商品经济的发展和社会分工的深化，人类经济管理活动的内容越来越复杂和丰富，专业化程度越来越高，部门分化越来越细；同时，各种经济管理活动之间、经济活动与其他社会活动之间也越来越相互依存、相互渗透。为了适应这种现实经济情况的发展，经济管理的研究范围也愈来愈宽泛，研究的内容也越来越庞杂。

在传统上，理论经济学也叫一般经济理论，可分为宏观经济学和微观经济学两部分：宏观经济学主要研究国民经济，分析国民收入、物价水平等总量的决定和变动；微观经济学主要是分析市场经济中单个经济单位的经济行为，即生产者和消费者的经济行为。微观经济学和宏观经济学紧密相连，宏观经济学是建立在微观经济学的基础上的，二者是个体与整体的关系，是互相补充的，所以要理解宏观经济理论和政策，就必须了解微观经济理论和政策。

（一）宏观经济学及其研究内容

1. 宏观经济学的含义及特点

宏观经济学是将资源配置作为前提研究国民经济，借助分析经济中的总体问题和有关经济总量的决定及其变化，揭示怎样充分利用社会资源。总体问题包括失业、通货膨胀、经济波动、利率的变动等。

（1）研究的对象。宏观经济学将国民经济作为研究对象，分析国民经济规律和国民经济的运行方式，对经济问题进行整体分析。它不研究经济中的单个主体，即居民户和厂商的行为，而是研究由居民户和厂商组成的整体。

（2）中心理论。宏观经济学围绕着国民收入的决定这一中心分析资源利用问题，进而分析国民经济的运行。宏观经济学借助国民收入理论回答通货膨胀、经济波动、经济周期等问题。

（3）解决的问题。宏观经济学解决的问题是资源利用。宏观经济学以资源配置为前提条件来研究资源是充分利用了还是闲置了、通货膨胀对购买力产生的影响、经济增长的途径等宏观经济问题。

（4）研究方法。总量分析是宏观经济学的研究方法。宏观经济学研究个量的总和与平均量的决定、变动及其相互关系，然后借助总量的变动揭示经济政策的决定理由和国民经济的运行状况。

2. 宏观经济学的研究内容

（1）宏观经济政策理论。宏观经济政策是国家干预经济的具体措施，主要包括政策目标、政策工具和政策效应。

（2）国民收入理论。国民收入是衡量资源利用情况和整个国民经济运行情况的基本指标。国民收入理论是从总供给层面和总需求层面研究国民收入的决定及其变动的，它包括国民收入核算体系和国民收入决定理论。

（3）经济周期与经济增长理论。经济周期理论是研究国民收入的短期波动，而经济增长理论则是研究国民收入的长期增长趋势。

（4）失业和通货膨胀理论。宏观经济学从有效需求不足的角度来分析失业，并且把失业与通货膨胀理论联系起来，分析二者的原因、相互关系以及解决途径。

（二）微观经济学及其研究内容

1. 微观经济学的含义及特点

微观经济学借助研究个体经济单位的经济行为，来分析现代西方经济社会市场机制的运行和作用以及改善这种运行的途径。微观经济学将价格分析作为其分析核心。因此，微观经济学也叫作价格理论。

微观经济学的核心问题是价格机制如何解决资源配置问题，在理解微观经济学时要注意以下四个特点：

（1）研究的对象。微观经济学研究的对象主体是居民与厂商。居民又称为居民户或家庭，是经济活动中的消费者，同时也是劳动力、资本等要素的提供者。在微观经济学中，假设居民户经济行为的目标是追求效用最大化，即研究居民户在收入既定的条件下，使用既定收入购买商品，购买多少商品能实现最大程度的满足。厂商又称企业，是经济活动中的生产者，同时也是劳动力、资本等要素的消费者。微观经济学中，假设厂商经济行为的目标是追求利润最大化，即研究厂商在成本费用既定的条件下，如何实现产量最大化，或在产量既定的条件下，如何实现成本最小化。

（2）中心理论。价格理论是微观经济学的中心理论。市场经济中，价格被称为"看不见的手"。它能够对生产者和消费者的经济行为进行引导和支配。生产者生产什么产品、如何生产这些产品都由价格决定。价格调节着社会资源的配置，使资源配置更加合理。价格理论是微观经济学的核心内容，决定价格水平的是需求和供给两个因素，需求是消费者行为理论研究的，供给是厂商行为理论研究的，二者就像剪刀的两个刀片共同决定了支点，即均衡价格。

（3）解决的问题。微观经济学解决的问题是资源配置的问题。微观经济学以资源利用为前提条件，来研究居民户和厂商的资源配置问题，从而使资源配置达到最优化，给社会带来最大的福利。

（4）研究方法。微观经济学的研究方法是个量分析。微观经济学研究的都是某种商品的产量、价格等个量的决定、变动和相互间的关系，而不涉及总量的研究。

2. 微观经济学的研究内容

（1）厂商行为理论。厂商行为理论，也叫生产者行为理论，分析厂商怎样在商品生产方面使用有限的稀缺资源，实现利润最大化。厂商行为理论包括生产理论、成本收益理论和市场结构理论。

（2）消费者行为理论。消费者行为理论研究消费者如何把有限的收入分配到各种物品和服务的消费上，以实现效用的最大化，解决生产什么和生产多少的问题。

（3）价格理论。价格理论，也称为均衡价格理论，主要研究商品的价格是如何决定的以及价格如何调节整个经济的运行。

（4）收入分配理论。收入分配理论研究生产出来的产品按照什么原则来分配，也就是研究生产要素的报酬是如何决定的，即工资、利息、地租和利润是如何决定的。解决为谁生产的问题。

（5）市场失灵与政府干预。市场机制不是万能的，主要研究市场失灵产生的原因、解决办法以及政府干预的必要性。

（三）微观经济学与宏观经济学的联系

微观经济学主要研究消费者和生产者的经济行为，宏观经济学是研究经济运行中的总量，它们之间在研究的对象、解决的问题、中心理论和研究方法上有所区别。"二者虽然研究的层面和角度存在差异，但实际上二者之间也存在着一定的联系，并且同样在现代经济社会发展中发挥着重要作用。"[①]

首先，微观经济学和宏观经济学互为补充。经济学以实现社会福利最大化为目的。微观经济学和宏观经济学的目的都是借助于指导人们的经济活动使资源配置得到最优化和有效利用，进而实现社会福利最大化。为实现这一目标，要使社会资源得到最优化的配置，又要使社会资源得到充分利用。微观经济学与宏观经济学分别解决资源配置与资源利用问题，从不同方面实现社会福利最大化。因此，微观经济学和宏观经济学是互为补充的。

其次，微观经济学是宏观经济学的基础，宏观经济学是微观经济学的自然扩展。经济状况是个别经济单位的行为的总和。微观经济学主要分析生产者和消费者的经济行为，也就是分析个别经济单位的经济行为；宏观经济学分析整体经济。因此，微观经济学是宏观经济学的基础。经济学家已经对这一点达成了共识，但对于宏观经济学怎样将微观经济学作为基础这一问题，不同学派的经济学家有不同的观点，至今未能达成共识。理性预期学派是现阶段宏观经济学中影响最广泛的学派，这一学派认为从微观经济学的完全理性和市场出清两个方面实现微观经济学和宏观经济学的统一，但未成功。

再次，微观经济学和宏观经济学都将市场经济制度作为背景。不同的经济体制下运行

---

① 吴悠. 微观经济学与宏观经济学的关系研究 [J]. 商展经济，2022（02）：21.

的不同的经济有不同的规律。经济学要将一定的经济制度作为背景，经济学离不开一定的经济制度。微观经济学和宏观经济学都属于市场经济体制下的经济学，研究市场经济体制下的经济规律和经济调控。市场经济体制是微观经济学和宏观经济学的共同背景。微观经济学和宏观经济学都是在市场经济的大前提下研究经济问题的。因此，经济学不能适用于计划经济和由计划经济向市场经济转变的转型经济。微观经济学和宏观经济学在研究经济现象和经济问题时要将市场经济体制作为制度背景。

最后，微观经济学和宏观经济学都使用实证分析法，都属于实证经济学。微观经济学和宏观经济学都要揭示经济现象的内在规律，即解决客观经济现象是什么的问题，而不涉及应该是什么的问题。经济学的科学化即为经济学的实证化，使分析的问题脱离价值判断，分析经济现象之间的关系是微观经济学和宏观经济学的共同目的。

二、管理学研究内容

（一）管理学研究的对象

管理学研究的对象包括生产关系、生产力、上层建筑三个方面，具体内容如下所示：

1. 完善生产关系

完善生产关系是研究怎样处理好组织中人与人的关系，特别是管理者与被管理者之间的关系；研究怎样建立组织机构、怎样使组织机构的设立更加完善，怎样使人员安排和管理体制更加完善；研究怎样提高组织成员的积极性和创造性，怎样使组织成员为实现组织目标而服务。

2. 合理组织生产力

合理组织生产力是指怎样对组织中的人力、物力等资源进行合理配置，使生产要素的作用得到充分发挥，以使组织目标和社会目标得到统一。因此，管理学需要研究的问题是如何规划、组织、协调和控制这些资源，以使生产力得到充分的发展。

3. 适时调整上层建筑

适时调整上层建筑主要研究怎样使组织的内部环境适应组织的外部环境；研究组织的规章制度怎样和社会的上层建筑保持一致，怎样制定能够适应市场经济发展秩序的规章制度，以促进生产的发展。

（二）管理学的研究内容

1. 管理理论

管理理论的产生和发展是管理学的一项研究内容，管理理论与管理思想的形成与发展过程是管理学从理论发展到实践的过程。分析和研究管理理论的产生和发展是为了继承管理理论并使现代管理理论不断发展。研究管理理论的产生和发展能够使我们对管理学的发展历程有更好的理解。

2. 管理的基本原理

管理的基本原理是指具有普遍性的基本管理规律。这些管理规律是对管理的实质及其基本运动规律的表述，如制订计划、制定决策、设计组织等。这些活动都要在基本原理的理论上进行，这些基本原理是管理活动都需要遵循的原理。

3. 管理者及其行为

管理者是管理活动的主体。管理活动的成功与否与管理者有很大关系。管理者的能力素质、领导方式、领导行为等决定着管理活动的成败。

4. 管理方法

对于实现管理目标来说，管理方法必不可少。对于管理学的研究内容来说，管理方法同样是必不可少的部分。通常来讲，能够帮助我们实现管理目标的手段和技术等都属于管理方法。管理方法包括经济方法、行政方法和法律方法等管理技术和手段。

5. 分类管理学理论与方法

管理学是一门综合性交叉学科，包含多个学科的理论和方法，同时又与实践活动密切相关。因此，管理学的内容十分复杂。当研究某个部门的管理活动时，往往需要研究企业管理、科技管理、教育管理、卫生事业管理、国际贸易管理、公共行政管理等方面。

第三节　现代经济管理价值及创新思路

一、现代企业经济管理的价值

（一）经济管理的基本作用

1. 经济管理的"有序化"作用

近代物理学、化学、生物学和社会科学的研究不约而同地对准了"秩序"。系统论、信息论、协同论、耗散结构理论等分别从不同角度研究系统的"有序化"运动。"有序化"是组织生命的根本,"有序化"程度愈高,则该组织的生命力愈强。热力学第二定律指出,系统的自发过程总是"熵增"和"无序"的。换言之,在没有外力作用的前提下,系统自发过程的结果只能是熵值的增加、混乱程度的加剧和系统生命力的衰减。系统的维持和趋向"有序"都离不开经济管理。有效经济管理可以促使系统"熵减"和"有序",是维持和增强系统生命力的根本。

通过有效经济管理,实现人、物、精神和行为等多方面的有序。值得强调的是,经济管理的有序化作用还表现为不断改革和创新,以克服组织的惰性,从而增强组织的生存和发展能力。

2. 经济管理的整体推动作用

一项新技术、新发明的作用主要发挥在某一个点、某一条线或某一个面上,或者使某项操作的效率得以提高,或者使某个行业得到长足发展。而对经济管理来讲,即使在某一时间点上,其作用的发挥就会达到一个特定的面。如果考虑到发展的过程,经济管理便具有立体的整体推动作用。因为,经济管理首先是一种思想、观念和意识。如果它能被组织中多数人掌握,则每个人都可以在其所处的点或线上发挥作用,从而对整个组织产生推动作用。

经济管理的本质作用,就是通过经济管理人员、决策、机制等来调动所有人的积极性,从而使每个处于某一点或线上的人创造出更多的成果,推动组织与社会的全面进步和发展。

3. 经济管理的放大作用

经济管理的放大作用,即人们常说的"1+1>2"。它主要表现在以下两个方面:

(1)经济管理可以扩大人类的能力范围。个人单独劳动的效果是十分有限的。随着社会的进步和发展,越来越多的劳动对象和领域(如高新技术、大型项目等)单靠个人的劳动需要很长时间才可能完成,而且相当大的一部分根本无法完成。经济管理就是由一个或多个人来协调其他人的活动,扩大人类的能力范围,从而取得个人单独劳动所不能取得的效果。

(2)经济管理可以使系统的产出倍增。从某种意义上说,所有的组织都是一个投入-产出系统,其功能在于使各种投入要素(人力、物力、资金、信息)得以转换,以新的面貌产出。经济管理的重要作用在于科学地配置资源、科学地组织系统的转换过程,保证其产出大于投入。这就是经济管理的放大作用,也称为倍增作用。

（二）经济管理的现实意义

当今世界，有的国家很富有，有的国家却非常贫穷。尽管资源和其他方面的基础对一个国家的繁荣与否有很大的影响，但并不是决定性的。有的国家资源贫乏但很富有，而有的国家资源丰富却相当贫穷。事实上，一个国家是否繁荣取决于该国生产率的状况，即该国是怎样有效地利用其人力、土地、机器、原材料和其他资源的。或者说，一个国家的发达与否取决于经济管理的效率。企业的情况也一样，经理的能力差、效率低，该企业经济管理的效率必然也低。

经济管理是人力和技术资源中的重要组成部分。好的经济管理可以丰富这些资源的有效利用，使人类社会经济活动更有成效。经济管理不仅是一种基础国力，而且是一种投资小、收效大，有时还是见效最快的国力。各级经济管理者从工作中可以深刻体会到这一点，应该充分重视这一基础国力的提高。无论是一个国家还是一个企业，若要谋求发展，都必须在经济管理上狠下功夫。这在当代中国，具有现实意义。

二、现代企业经济管理的创新

（一）经济管理的现代化发展

1. 现代经济管理的主要内容

"现阶段，我国经济正处于高速发展阶段，由此也进一步给予企业更多的发展空间，同时，也会进一步加剧各个企业之间的市场竞争。"[①] 随着社会市场经济的发展和进步，传统的经济管理体系已经无法适应市场需求的变化，企业想要在社会经济变革过程中平稳过渡，就必须打破传统的管理体系，建立全新的现代化经济管理体系。现代经济管理体系涉及多方面的内容，主要内容分为两个方面：①预测企业未来经济发展情况；②通过预测结果，制定相应的发展战略和解决方案。

现代经济管理理论是基于传统经济管理理论上所做出的补充说明，是利用现代科学技术结合相关管理经济的研究成果，而制定的现代化管理经济的策略。它是顺应市场经济变化发展而诞生的产物，对于各行业企业来说逐步实现现代经济管理转型是其未来持续发展的必经之路。如果企业仍坚持传统的经济管理理念，必将会被市场淘汰，不利于企业长期稳定的发展。

---

① 史建强，武云博. 企业经济管理措施优化策略 [J]. 价值工程，2022，41（24）：13.

2. 现代经济管理的实施条件

我国企业构建现代化经济管理体系必须遵守以下基本条件，否则就会产生适得其反的效果，不利于企业未来的发展：

（1）符合我国基本国情的原则。目前，我国在发展本国经济上取得了举世瞩目的成就，但与发达国家相比仍存在很大的差距。我国尚处于社会主义初级阶段，如果一味地模仿复制发达国家的经济管理体系，可能会出现适得其反的效果。因此，需要根据本国国情结合市场经济发展趋势来制定符合本国企业发展的经济管理策略。

（2）强化企业融合理论与实践的能力。目前，国内的一些企业模仿和借鉴了国外先进的管理理论，但并未与其自身实际情况有效地结合起来，制定的经济管理体系存在一定的缺陷，这就说明，我国企业缺乏将理论和实践相融合之后，去验证制定的经济管理体系是否科学合理的能力。不同企业的发展现状存在很大的差异，模仿和借鉴同行企业的经济管理体系，在一定程度上可以起到事半功倍的效果。

（3）培养大量优秀的管理人才。经济管理的主体是管理人员，管理人员自身管理水平和能力，直接影响到企业是否能顺利完成现代化经济管理建设。对于企业来说，要加大培养管理人员的投入，帮助企业利用先进的信息技术进行不断的创新尝试，反复验证自身创造的经济管理体系是否科学合理。企业的经营管理需要大量优秀专业的人才，企业未来的竞争归根结底就是人才的竞争，在经济管理领域同样如此。

3. 现代经济管理的实施意义

目前科学技术不断取得重大突破，为企业探索现代化经济管理体系创造了更多有利的条件。自第一次工业革命发展至今，世界进行了多次社会变革，市场经济在变革过程中不断向前发展和进步，在这种时代背景下，现代化经济管理理论应运而生。

进入 21 世纪以来互联网信息技术不断发展进步，社会市场经济结构也随之发生转变，极大地提高了社会生产力的发展水平。而企业各部门的分工变得更加明确，这也导致企业协调运营的能力在不断下降，企业想要提高运营管理的效率，就必须打破传统的经济管理理念和模式，借助先进的信息技术，制定符合自身发展需求的经济管理体系。

企业在制定现代化经济管理体系过程中，要调动企业各部门员工的积极性，广泛征求员工的意见和建议，吸取其中的精华部分融入管理体系中。如此一来，不仅会增强员工对企业的责任感和认同感，还有利于改善企业与员工的劳动关系，更有利于企业优化配置有限的资源，达到利益最大化的目的。

（二）经济管理理论和方法创新

近些年，社会经济进入高速发展时期，并取得了一系列举世瞩目的成就，国民生产总值仅次于美国位居世界第二。但当今世界正处于百年未有之大变局中，市场经济也在随之不断发生变化，企业为适应市场发展变化，就必须不断调整和探索全新的经济管理理论和方法。

1. 经济市场的新要求及新管理模式

在不断变化的世界格局中，社会经济和市场环境每天都在不断地变化，企业想要在未来的激烈竞争中站稳脚跟，就必须深化经济体制改革，探索符合自身实际发展需求的经济管理体系。只有这样才能确保企业持续健康稳定的发展，才能确保企业在未来的市场竞争中保持竞争优势。

（1）我国经济发展新阶段的历史定位。我国目前正处于并在未来一段时间内依旧处于社会主义初级阶段，就目前我国经济发展成就来看，需要重新对我国经济发展进行历史定位。在新时代经济背景下，我国的经济建设来到了关键时期，需要吸取上一阶段的成功经验和教训，制定下一阶段的经济发展战略。因此，当前阶段对于我国经济建设来说，起到的是承上启下的过渡作用，其成功与否直接影响我国未来社会主义经济建设能否取得成功。

我国在 2020 年已经实现了第一个百年奋斗目标，即全面建成小康社会。而第二个百年奋斗目标就是在本世纪中叶全面建成社会主义现代化强国。在这一关键时期，我国的社会经济管理制度也要随着社会经济的变化发展不断做出调整，这样才能帮助我国全面实现第二个百年奋斗目标。

为全面振兴中华民族实现中华民族的伟大复兴，就要求全国各族人民必须紧密团结在党中央的领导下，只有不断地坚持奋斗，才能更加接近共同富裕的伟大目标。新时代背景下，中国的社会经济的发展将迎来新的挑战和机遇，需要各族人民团结在一起，为社会主义事业奋斗终身。我国自改革开放以来，社会经济建设取得了举世瞩目的成就，综合国力在不断攀升并逐渐走向世界舞台的中心。新中国已经发展成为被世界所认可的世界性大国。纵观新中国发展历史可以发现，中国的经济发展建设所经历的五个阶段都是彼此紧密相连，且承前启后的，从最早的人民吃饱穿暖发展到全面建成小康社会再到实现共同富裕等，所有经历的过程就是以实现中华民族伟大复兴的这一目标所服务的。

（2）国民经济管理理论的创新突破口。探索和创新国民经济管理理论需要注意以下方面：

第一，明确新时代经济发展的目标。国家在明确新时代国民经济发展目标之前，首先要弄清楚我国的基本国情，即了解我国宏观经济的发展结构。只有明确发展目标才能优化资源配置，从而深度发掘社会发展潜力，将发展潜力转换为发展动力，才能为经济发展做出更多的贡献。在发展国民经济的时代，每个中国人都是主要的参与者，都有享受胜利果实的权利。

第二，以人民为主体开展经济建设。①全国各族人民都有权利有义务参与到经济建设中，在经济建设过程中要始终把人民的根本利益放在首位。②我国幅员辽阔，各地区之间的经济建设存在很大的差异性。在发展社会经济过程中，要重视发展资源的优化配置情况，努力协调解决各地区发展不平衡的问题，让全国各地区的人民在参与经济建设的过程中，都能享受平等的待遇。③国家开展经济建设离不开广大劳动人民的大力支持，国家应重视人民的培养，帮助人民不断发展进步。④国家开展经济建设的重要保障之一就是高质量人才的储备，国家需要重视对人才资源的管理工作。⑤国家在管理人才资源过程中，要把人民的核心利益和权利放在首位，坚持以人民为中心的管理原则。

第三，全面建设现代化社会主义国家。国家开展经济建设需要坚持"五位一体"的发展原则，只有国家强大才能在世界占据一席之地。

2. 新阶段指引了国民经济管理理论创新的发展方向

（1）我国提出了两个百年奋斗目标，第一个百年奋斗目标是在 2020 年之前全面建成小康社会，第二个百年奋斗目标是在本世纪中叶全面建成社会主义现代化强国。为达成这两个百年奋斗目标，需要重新对不同的奋斗阶段进行整体的规划。2035—2049 年是百年奋斗目标的关键阶段，在这一阶段要全面达成第二个百年奋斗目标，即实现中华民族的伟大复兴。

（2）新阶段需要规划全新的经济发展战略规划和目标。要明确新阶段的经济建设目标，虽然目前我国经济发展迅速，但毕竟与发达国家相比仍有不小的差距，所以我们不能仅着眼于目前的发展成就而沾沾自喜。我国目前处于且长期处于社会主义初级阶段，在这一阶段只要我国的主要矛盾和基本国情不变，就仍是发展中国家。

（3）制定全新的社会经济发展战略规划蓝图，鼓励和扶持企业发展创新能力，为社会经济发展注入新的发展活力。

（4）根据不同地区的经济发展状况，制定有针对性的发展战略，重点解决地区经济发展不均衡的问题，寻找阻碍社会发展的因素，提出有针对性的解决方案，彻底扫除国家发展的障碍。

3. 新体系丰富了国民经济管理理论创新的科学内涵

（1）建设现代化经济体系的战略意义。

第一，建设现代化经济体系与我国经济发展战略目标是相契合的。我国的经济发展战略需要从社会主义市场经济体制逐渐向现代化经济体制转型。

第二，未来市场经济发展的主旋律是提高社会生产力的质量和效率，从最初的关注产量和速度转变成关注质量和生产效率，坚持质量和效益优先的发展原则。

第三，"全要素生产率"作为一种创新的尺度和手段，写入了党的发展战略文件，成为未来经济发展的核心。

第四，建设现代化经济体制的目的在于提高我国经济发展的创新和竞争能力。

综上所述，建立的现代化经济体制，需要适应宏观和微观市场经济的发展需求。

（2）建设现代化经济体系的理论内涵。

第一，确保供给体系的高质量化。未来发展现代经济必须关注实体经济的发展，重点关注供给体系的质量建设，争取将我国在制造、科教、航天、网络、交通、数字、贸易、人才等各方面的领域都建设成世界领先领域，彻底稳固我国的世界性大国地位。

第二，确保创新体系的高效益化。强化我国的创新研发能力，大力培养创新人才研究创新理论和创新技术并在实际经济建设中加以应用，大力发展创新文化促进国家创新体系的建设。

第三，确保三农体系的高水平化。我国开展经济建设过程中要明确农业的发展地位，坚持"五个方面"的原则建立城乡一体化的发展体系，助力新农村和新农业建设，争取早日达成三农现代化的目标。

第四，确保区域结构协调发展。我国坚持走区域发展、区域帮扶和纽带发展的战略路线，坚持在国际上推广"一带一路"的发展战略，在国内坚持"京津冀和长江经济带战略"路线，统筹协调全国各区域的发展结构，取长补短、相互扶持、共同发展进步。

第五，建立完善的社会主义市场经济体制。需要妥善处理企业、市场与政府之间的协调关系，国家通过宏观调控的手段为企业营造良好的市场环境，企业在市场竞争中不断提高创新能力，为社会经济发展注入新的活力。如此良性循环，才能确保我国社会经济持续健康稳定的发展。

第六，建设国内和国际双循环的国民经济体系。以构建人类命运共同体为首要目标，不断加大对外开放程度，带动自身和世界经济的发展，为世界和平稳定发展做出应有的贡献。

（3）建立适应现代化经济体系的国民经济管理体系。

第一，建设国民经济系统主要分为三个部分：①系统概论；②系统结构；③系统环境。

第二，确保国民经济正常运行，需要注意：①分析国民经济基本情况；②分析市场需求的变化；③改革社会供给侧结构。

第三，国民经济发展战略规划，主要包括两个方面：①规划国民经济发展战略；②规划社会发展战略。

第四，管理国民经济，需要从四个方面入手：①明确管理目标；②建立综合评价和预警机制；③利用宏观调控加强对市场预期和资产的管理；④建立微观规章制度。

第二章 经济管理的价格理论

第一节 需求、供给与均衡价格

一、需求

需求是指消费者在某一特定时期内，在每一价格水平下愿意而且能够购买的商品和劳务的数量。在微观经济学中，消费者是指能够独立做出购买决策的经济单位。微观经济学里，消费者最主要的代表就是家庭，或者叫作居民户。需求要想实现，应该具备两个条件：一是主观上的需要，就是购买欲望（消费者愿意购买），购买欲望的高低来自消费者的嗜好或偏好程度，或者说来自商品能够给消费者带来的满足的程度（效用）；二是有支付能力（消费者能够购买），需求必须是有支付能力或购买能力的需求。只有同时满足这两个条件，需求才能够实现。

简而言之，需求就是有支付能力的购买欲望（需要），是人们的购买欲望与支付能力的统一。需求与需要的区别主要在于：①需要仅仅是一种愿望，而需求不仅是一种愿望，还要有支付能力；②需要可以是无限的，但需求一般是有限的。

(一) 需求量与需求表的定义

1. 需求量的定义

需求量是指在某一时期内，既定的价格下消费者愿意购买的商品和服务的数量。

需求和需求量是两个不同的概念，需求是指商品需求量和该商品价格之间的一种关系，它反映了在不同价格水平下商品的需求量。任何一种商品的需求量取决于许多因素，如相关商品的价格以及消费者的收入、年龄、教育水平、预期等等，但当我们分析市场如何运行的时候，一种决定因素起着中心作用——该商品的价格。

2. 需求表的定义

需求表是一个表示在其他影响消费者购买的因素都不变的情况下，某种商品的不同价格与其对应的需求量之间的关系的表。

（二）需求曲线与需求定律

1. 需求曲线的定义及其移动

需求曲线表示在其他条件不变的情况下，不同价格水平下消费者所愿意购买的商品的数量，它反映了在不同的价格水平下，同一种商品的需求量的变动。这条曲线也反映出了需求和需求量这两个概念的区别：需求是指整条曲线，而需求量仅仅指这条曲线上的一个点。

当需求曲线移动时，就意味着商品的需求发生了变动（由自身价格外其他因素变化引起的消费者对商品需求量的变化）。有许多变量都会使需求曲线发生移动，具体如下：

（1）消费者的收入水平。收入影响支付能力，所以在正常情况下，收入越高，支付能力就越强，购买能力就越高，需求也就越大。当然，不是所有的商品都是这样的。有些商品，当消费者的收入增加的时候，它的需求反而减少，这种商品在经济学上叫作低档商品或者劣质商品。

（2）相关商品的价格。当一种商品自身的价格保持不变，而与其相关的其他商品的价格发生变化时，这种商品本身的需求量也会发生变化。这种影响可以分为以下情形：

第一，替代品。替代品指两种商品都可以用于满足相同的或相似的需求。不同形式的健身方式，如跑步、游泳、打球等，不同的食品，如茶叶与咖啡、猪肉与牛羊肉、可口可乐与百事可乐，不同的市内交通工具，如公共汽车、地铁、出租车等可以互相替代。两种替代商品之间的价格与需求量呈同方向变动。一种商品的价格上升，消费者对另一种商品的需求就会增加；反之亦然。如果猪肉的价格上涨了，人们会更多地选择牛肉、羊肉、鸡肉和鱼肉等产品进行替代。一种商品的需求量与它的替代商品的价格是同方向变动的。

第二，互补品。互补品指互相补充、共同满足人们的同一种欲望，完成同一消费功能，必须共同使用才能发挥效用的商品。例如，录音机与磁带、羽毛球与羽毛球拍、汽车与汽油等。一种商品的需求量与它的互补商品的价格呈反方向变动。如果汽油的价格上涨了，人们对汽油的需求量减少，也会相应地减少对汽车的需求量。

第三，消费者的偏好（嗜好）。需求量是消费者希望购买的商品数量，它必然受到消费者偏好的制约。消费者的偏好，就是消费者对某种商品的特殊的爱好。当消费者对某种商品的偏好程度增强时，该商品的需求量就会增加；相反，偏好程度减弱时，需求量就会减少。日常生活中，生产者进行广告宣传的目的不仅在于告诉人们有什么商品，还在于通过改变人们的偏好而增加对某种商品的需求。

第四，消费者的预期。消费者的预期是指消费者对商品未来价格的预期。预期是一种普遍的现象，当一种商品的价格被消费者认为在未来有可能上涨的时候，用经济学语言来说，就是当消费者存在着"通货膨胀预期"时，消费者就会在价格还没提高时购买该种商品，结果商品的需求提高，从而造成"买涨不买跌"的现象。很多时候，预期这种心理活动会在很大程度上影响人们的购买行为，所以，经济学的分析方法里面还有一种非常重要的方法，那就是心理学的分析方法。

第五，人口（消费者的数量）。人口数量增加会使需求数量增加，人口数量减少会使需求数量减少。人口结构的变动与消费结构密切相关，所以结构的变化也必然影响商品的需求量。

2. 需求定律的定义及其成因

需求定律是指在其他条件不变的情况下，某商品的需求量与价格之间呈反方向变动，即需求量随着商品本身价格的上升而减少，随商品本身价格的下降而增加。简而言之，需求量与价格呈反向运动。

需求定律存在的原因主要有两个：①商品降价后，会吸引新的购买者，从而使需求量增加。②原先的购买者会因为商品价格下降而感到自己比过去稍微富裕一些，即实际收入增加，因而也会增加购买，这就是收入效应；同时，该商品价格下降使其他商品显得相对更贵了，消费者会增加商品的购买以替代其他商品，这就是替代效应。

理解需求定律要注意两点：①只有在影响消费者行为的其他因素如收入、嗜好，以及其他商品的价格保持不变的假定条件下，该定律才成立；②需求定律指的是一般商品的规律，有些商品不遵循这个规律，下面要介绍的需求定律的例外。

二、供给

供给是指厂商（生产者）在某一特定时期内，在各种可能的价格水平上愿意而且能够提供出售的商品数量。和需求一样，供给也有两层含义：一是生产者愿意出售；二是生产者有供给能力。如果只有供给愿望而没有供给能力，就不能形成有效的供给；当然，有了供给能力而没有供给愿望，也不能形成实际的供给。由此可见，供给必须同时具备供给意愿和供给能力两个特征，二者缺一不可。

供给也是市场供求中的一方和决定价格的关键因素之一。供给与需求是相对应的概念，需求的实现与满足来源于供给。它包括新提供的商品和已有的存货。如果生产者只是对某种商品有提供出售的愿望而没有提供出售的能力，就不能算有效的供给。生产者供给的欲望来源于利润的最大化。

（一）供给量与供给表的定义

1. 供给量的定义

供给量是指在某一时期内厂商愿意向市场提供的商品和服务的数量。

供给和供给量是两个不同的概念，供给是指商品供给量和该商品价格之间的一种关系，它反映了在不同价格水平下商品的供给量。供给与供给量的区别类似于需求与需求量的差别。任何一种商品的需求量取决于许多因素，如相关商品的价格以及消费者的收入、年龄、教育水平、预期等等，但当我们分析市场如何运行的时候，一种决定因素起着主要作用——该商品的价格。

2. 供给表的定义

供给表是指某种商品的各种价格和与各种价格相对应的该商品的供给数量之间关系的数字序列表。

（二）供给曲线与供给定律

1. 供给曲线的定义及其影响因素

供给曲线表示一种商品的供给量如何随其价格变动而变动。由于价格上升，供给量增加，供给曲线向右上方倾斜，斜率为正。这条曲线也反映出了供给和供给量这两个概念的区别：供给是指整条曲线，而供给量仅仅指这条曲线上的一个点。影响供给曲线的因素主要有以下方面：

（1）生产要素的价格（投入价格/生产成本）。生产要素的价格变化导致生产成本发生变化。在商品自身价格不变的条件下，生产成本上升会减少利润，从而使商品的供给减少；相反，生产成本下降会增加利润，从而使商品的供给增加。而生产成本的高低主要取决于生产要素或资源的价格。当生产要素价格上升时，以同样的生产成本只能生产较少的产品；当生产要素价格下降时，同样的生产成本可以生产更多的产品，生产商品的成本同生产者收益呈负相关。

（2）生产技术。生产技术的改进、革新或者重大突破意味着生产效率的提高，相同的资源可以生产更多的产品，也意味着劳动生产率提高，单位商品的成本降低，即以较少的生产要素生产出等量的产品，或者等量的生产要素生产出更多的产品。在一般情况下，给定生产要素的价格，生产技术水平的提高可以降低生产成本，增加生产者的利润，生产者会提供更多的产品。所以，生产技术越进步，厂商就越愿意和能够生产更多的商品，增加供给；反之，如果生产技术水平降低，供给也必然减少。

（3）相关商品的价格。相关商品是指生产者使用同样的生产要素可以生产出两种不同的商品，这里所指的相关商品并非仅仅是指替代商品和互补商品，更多的是指在生产要素或资源的投入和使用等方面与本商品的生产存在竞争关系的那些商品（就是指企业能够生产的其他商品）。假如某种商品的价格下降，生产者为减少损失而生产或更多地生产另一种商品。例如，粮食作物和经济作物的生产都需要土地，当经济作物的价格上涨时，在其他条件不变的情况下，将土地用于种植经济作物所带来的利润就会增加，相应地，将土地用于种植粮食作物的成本就会增加，结果导致农业生产者减少粮食作物的种植面积，粮食的供给量就会因此减少。

（4）政府税收。政府税收直接影响生产成本，如果政府征税，对于生产者来说，成本上升了，多销售一单位商品，将多缴纳一些税收，所以，生产者将减少商品供给，供给曲线向左上方移动。政府补贴可以看成是"负税收"，作用正好相反。

（5）生产者的预期。生产者的预期就是生产者对未来的商品价格的预期。企业管理中有一块非常重要的内容——预测，就是预期市场会怎样变，价格会怎样变，企业该怎样应对这些变化。如果生产者对未来的经济持乐观态度，则会增加供给；如果厂商对未来的经济持悲观态度，则会减少供给。

2. 供给定律的定义及其成因

供给定律也称为供给法则，在其他条件不变的情况下，商品的供给量与其价格成正比，即商品的价格越高，生产者对该商品的供给量越大；而商品的价格越低，生产者的供给量越小。

商品的市场供给量与价格成正比的原因从总体上看有两个方面：一是在商品价格上升后，原有生产该商品的厂商会在利润的驱使下，扩大规模，增加产量；二是商品价格上升后，生产该商品的行业利润空间扩大，会吸引新的厂商进入该行业进行生产，从而增加该商品的供给量

为了更好地理解这一定律，我们也同样需要注意两个方面的问题：一是供给定律存在的前提是"其他条件不变"。"其他条件不变"是指除商品本身的价格之外，影响供给的因素都不变，它是用来研究商品本身的价格与供给量之间的关系的。离开这一前提，供给定律无法成立。二是供给定律适用于一般商品，有些特殊商品无法遵循这一定律。

三、均衡价格

(一) 均衡价格的定义

均衡的最一般意义是指经济事物中的有关变量在一定条件的相互作用下所达到的一种相对静止的状态。经济事物之所以能够处于这样一种静止状态，是由于在这样的状态下有关该经济事物的各参与者的力量能够相互制约和相互抵消，也由于在这样的状态下有关该经济事物的各方面的愿望都能得到满足。一种商品的市场在需求和供给两种相反力量的共同作用下，通过竞争机制的调节，达到供求相等的均衡状态，从而决定了均衡价格和均衡数量。这也就是我们常说的市场经济条件下价格机制的作用过程。当然，这个供求双方力量决定市场均衡价格的过程并不是一蹴而就的，过剩或者短缺的消除都有时间的要求，那么，在这期间，我们假定其他非价格条件是不变的，也就是供给曲线和需求曲线都不能频繁地移动。此外，这个机制能起作用还要有一个条件，那就是竞争。这个竞争既包括生产者之间的竞争——生产者为了卖出过剩的产品而产生竞争，也包括消费者之间的竞争——消费者为了获得他想要的产品而产生竞争。

均衡是指供给和需求达到平衡时的状态。均衡价格指一种商品需求量与供给量相等时的价格。它有时也被称为市场出清价格，因为在这一价格水平上，所有需求和供给的订单都已完成，账簿上已经出清，需求者和供给者都得到了满足。在均衡价格下决定的产量也称为均衡产量。

(二) 均衡价格的成因

市场上某种商品供求关系的变化往往会使该商品市场处于不均衡状态。由于价格机制的作用，一旦市场失去均衡，就会产生一种自动恢复均衡的力量。因此，均衡价格的形成实际上是由非均衡走向均衡的过程。

(三) 均衡价格的变动

在分析均衡价格形成时，实际上是假定其他条件不变，只有商品自身的价格变化。现在我们要分析的是曲线变动时，原有的均衡如何被打破，新的均衡如何形成。均衡价格与均衡数量是由需求和供给两种力量共同作用的结果，所以，原有均衡的打破和新均衡的建立都离不开需求与供给，需求与供给的任何变动，都会引起均衡价格和均衡产量的变动，从而形成新的均衡。

1. 需求变化带来的影响

在供给不变的情况下，由于人们偏好、收入的变动或受其他因素的影响，导致需求发生变化。需求的变化会打破原有的市场均衡状态，并形成一种新的均衡，如图 2-1 所示[①]。

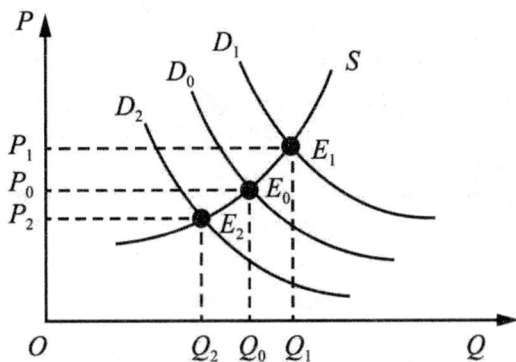

图 2-1　需求曲线变动导致的均衡变动

在图 2-1 中，既定的供给曲线 S 和最初的需求曲线 D 相交于 E 点。在均衡点 E，均衡价格为 P，均衡数量为 Q。当需求增加时，需求曲线向右平移至 D_1 曲线的位置，D_1 曲线与 S 曲线相交于 E_1 点。在均衡点 E_1，均衡价格为 P_1，均衡数量为 Q_1。与原有的均衡相比，在供给保持不变的条件下，需求增加导致均衡价格上升，均衡数量增加；相反，需求减少使需求曲线向左平移至 D_2 曲线的位置，D_2 曲线与 S 曲线相交于 E_2 点。在均衡点 E_2，均衡价格为 P_2，均衡数量为 Q_2。与原有的均衡相比，在供给保持不变的条件下，需求减少导致均衡价格下降，均衡数量减少。需求变动分别引起均衡价格与均衡数量同方向变动。

2. 供给变化带来的影响

在需求曲线固定不变的条件下，由于技术、生产要素的价格等因素的影响，供给会发生改变，这样原有的均衡被打破，形成一种新的均衡。

在图 2-2 中，既定的需求曲线 D 和最初的供给曲线 S_0 相交于 E 点。在均衡点 E，均衡价格为 P，均衡数量为 Q。供给增加使供给曲线向右平移至 S_2 曲线的位置，S_2 曲线与 D 曲线相交于 E_2 点。在均衡点 E_2，均衡价格为 P_2，均衡数量为 Q_2。与原有的均衡相比，在需求保持不变的条件下，供给增加导致均衡价格下降，均衡数量增加；相反，供给减少使供给曲线向左平移至 S_1 曲线的位置，S_1 曲线与 D 曲线相交于 E_1 点。在均衡点 E_1，均衡价格为 P_1，均衡数量为 Q_1。与原有的均衡相比，在需求保持不变的条件下，供给减少导致均

① 本节图片引自雷洪，梁衍开，付华英. 微观经济学 [M]. 广州：中山大学出版社，2019.

衡价格上升，均衡数量减少。供给变动分别引起均衡价格反方向变动，均衡数量同方向变动。

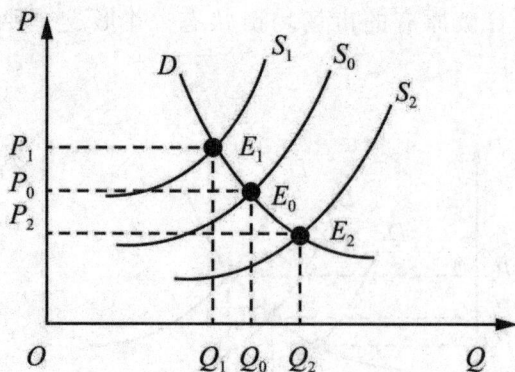

图 2-2　供给曲线变动导致的均衡变动

（四）均衡过程

蛛网理论[①]是一种动态均衡分析。古典经济学理论认为，如果供给量和价格的均衡被打破，经过竞争，均衡状态会自动恢复。蛛网理论却证明，按照古典经济学静态下完全竞争的假设，均衡一旦被打破，经济系统并不一定会自动恢复均衡；相反，在现实世界中，很少真正达到均衡，而多半是处在走向均衡的过程中。这个过程可能是：①循环周期（封闭型蛛网）；②收敛周期（收敛型蛛网波动）；③发散周期（发散型蛛网波动）。

蛛网理论的假设为：①完全竞争，每个生产者都认为当前的市场价格会继续下去，自己改变生产计划不会影响市场；②该产品生产时间比较长（如 1 年）；③当期价格由当期供给量决定；④当期供给量由上期的市场价格决定，又形成对下期价格的影响；⑤生产的商品不易储存，要尽快出售。这些假设表明，蛛网理论主要用于分析农产品。

1. 收敛周期

如图 2-3 所示，虽然价格在不同年份之间上下交替波动，但波动的幅度越来越小。随着时间的推移，价格-数量周期逐渐缩短，最终收敛于均衡点 E。这种蛛网周期被称为收敛周期。

---

①　蛛网理论是一种引入时间因素考查价格和产量均衡状态变动过程的理论。1930 年由美国的舒尔茨、意大利的里西和荷兰的丁伯根各自提出。1934 年，经英国的卡尔多定名为蛛网理论。这是因为均衡变动过程反映在二维坐标图上，其形如蛛网，故名。这一理论的内容是考查某些商品，特别是农产品的价格波动对下个周期产量的影响时，所发生的均衡变动情况。

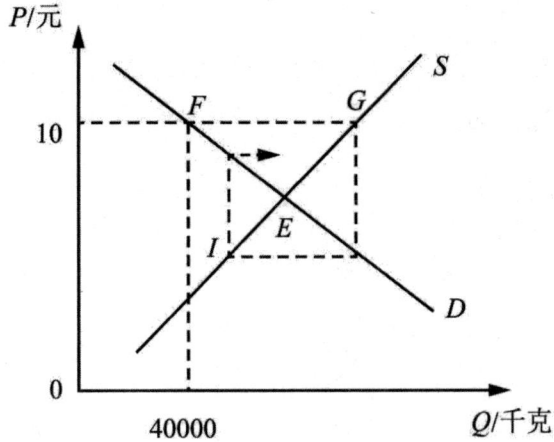

图 2-3　收敛周期

2. 循环周期

如图 2-4 所示，假定一开始荔枝每年的供应量是 50000 千克，供给曲线是 S，需求曲线是 D，当 50000 千克的荔枝投放市场后，消费者愿意支付的价格是 10 元/千克，因而 A 点成为一个暂时的均衡点。10 元/千克的价格在果农看来非常有吸引力，只要价格不低于 3 元/千克，生产者都愿意提供 50000 千克的荔枝。而在 10 元/千克的价格下，按照 B 点，生产者愿意提供 100000 千克的荔枝。但是这么多数量的荔枝并不能够一下子提供出来，从荔枝幼苗到结果出售，需要 4 年的时间。可是到了第 4 年，当 100000 千克的荔枝提供到市场时，消费者只愿意支付 3 元/千克的价格来购买。由于荔枝是不耐储藏的商品，当年必须"市场出清"，于是只能按照消费者愿意接受的价格出售，暂时均衡点在 C 点。在 C 点的价格下，生产者的积极性受到打击，供给量又将减少……如此循环往复，年复一年。这种蛛网周期被称为循环周期。

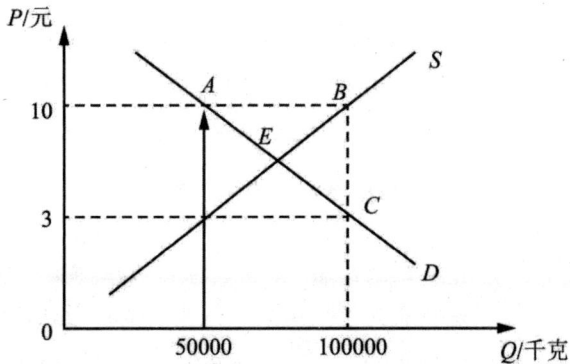

图 2-4　循环周期

3. 发散周期

图 2-3 和图 2-5 的变化正好相反，价格波动的幅度越来越大，离均衡点 E 越来越远。这种蛛网周期被称为发散周期。

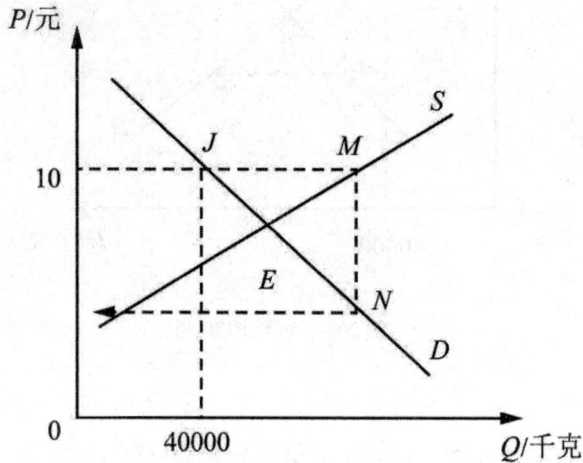

图 2-5　发散周期

决定蛛网周期形状的原因与供给曲线和需求曲线的弹性有关。

（1）如果两者相等，即 $E_S = E_D$，则形成永远循环的周期。

（2）如果供给曲线的弹性值小于需求曲线的弹性值，即 $E_S < E$，则蛛网周期是收敛的。

（3）如果供给曲线的弹性值大于需求曲线的弹性值，即 $E_S > E$，则蛛网周期是发散的。

（五）均衡价格的作用

当今世界上不存在完全靠市场机制作用，政府不进行任何干预的经济体制，政府或多或少都会对经济进行适度干预。政府根据经济形势和发展的要求，对经济进行干预。农业是一国国民经济发展的基础产业，又是兼有自然风险和市场风险的弱质产业，因此，世界上各国都针对本国农业的稳定和发展采取了一系列支持措施。在公共财政体制框架下，财政支持农业发展应本着既不"缺位"也不"越位"的原则，在市场机制充分调节的前提下，发挥财政的大力扶持作用。支持价格和限制价格就是政府干预经济、管理价格的一种形式或手段。

1. 支持价格及其作用

支持价格也称最低价格，是政府为了扶植某一行业的生产而规定的高于该产品市场均衡价格的最低价格，这个最低价格比其市场均衡价格要高，以示对该商品生产的支持。一般来说，政府规定的支持价格高于均衡价格。许多国家为支持农业的发展、保护农民利益，对农产品规定支持价格或最低价格。政府或代理人按照某种平价（保护价）收购农产品，在供大于求时，政府按这一价格增加对农产品的收购；在供小于求时，政府抛出农产品，以保护价进行买卖，从而使农产品价格由于政府的支持而维持在某一水平上。支持价格的运用对经济发展和稳定有积极意义。

以对农产品实行的支持价格为例，从长期来看，支持价格政策确实有利于农业的发展。这表现在三个方面：①稳定了农业生产，减缓了经济危机对农业的冲击；②通过对不同农产品的不同支持价格，可以调整农业结构，使之适应市场需求的变动；③扩大农业投资，促进了农业现代化的发展和劳动生产率的提高。正因为如此，实行农产品支持价格的国家，农业生产发展都较好。我国实行的"保护价敞开收购"也是一种支持价格。

2. 限制价格及其作用

限制价格也称为最高价格，是指政府对某些产品规定最高上限，防止价格上涨，控制通货膨胀。政府为了限制一些垄断性很强的公用事业的价格，有时也会采取最高限价的做法。如许多国家在战争期间或特殊时期对短缺商品规定限制价格或最高价格。限制价格一般低于市场均衡价格。如图2-6所示。

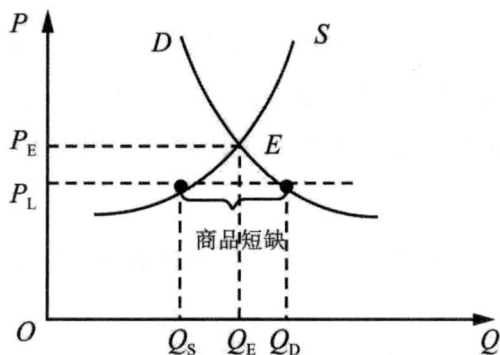

图 2-6 限制价格

假定商品的均衡价格为 P_E，现规定其最高价格为 P_L，且 $P_L<P_E$。由于限制价格或最高价格低于均衡价格 P，实现限制价格时，必然造成产品需求大于供给的市场状态，供小于求的差额为 Q_D-Q_S。这种情况下，限制价格 P_L 必然不稳定，而趋向于均衡价格 P_E，政府为保证实现最高限价或限制价格，必须通过进口或增加替代品等办法增加供给，以弥补其供求缺口或差额，控制价格上涨的趋势。在实行限制价格的情况下，市场会出现消费者排队抢购商品或进行黑市交易的现象。在这种情况下，政府会采取配给的方式来分配产品。限制价格也可能会导致企业追求产品数量而不注重产品质量的现象发生，这时，政府还要采取一些经济与行政的方法加以解决或引导。

第二节　消费者行为理论

一、效用与边际效用

（一）效用的定义及其属性

消费是人们消耗物品以满足自己需要的过程，不管这种需要是物质生活需要还是精神生活需要。消耗物品或劳务能满足需要就是能提供效用。效用就是人们从消费中获得的满足程度。通常说来，物品提供效用具有以下一些属性：

第一，客观属性。比如，食物可充饥，衣服能御寒，房屋可栖息，车辆能代步。显然，商品的效用首先是由其客观属性决定的，消费者不会去购买没有用途的商品。

第二，主观属性。效用是人们消费商品时感受到的满足程度，因此带有主观性。商品效用大小因人、因时、因地而异。同样一个商品其效用会因人而大不相同，也会因时、因地、因环境而异。例如，同样一点食物对饿汉和饱汉的效用就大有差别。

第三，组合属性。人的生活需要总是多方面的，因此，人们消费的商品也不会只有一种两种，而是一个组合或集合。即使吃饭，也是主食副食搭配，荤素搭配。商品的效用往往是组合商品的效用。

第四，递减属性。人们同一时间内持续消费某种或某组商品，其效用会随消费的数量而递减。

（二）效用的函数定义

人们从消费一种或一组商品中获得效用时，其效用的大小与所消费的商品的品种和数量有关，这种依存关系即所谓效用函数。若消费一种商品 X，则效用函数为 $U=f(x)$，若消费一组 x 和 y 两种商品，则：

$$U=f(x, y) \tag{2-1}$$

同样可有：

$$U=f(x, y, z \cdots) \tag{2-2}$$

效用大小如何衡量，起先人们认为可用 1、2、3、4 等具体的基数衡量，这称为基数效用论，后来一些经济学家认为，效用无法用具体数字度量，只能以第一、第二、第三等次序来衡量，这称为序数效用论。确实，效用只有大一些还是小一些的次序问题，难以有具体数字说明。

假定消费的是一种商品 X，那么同一时间内随着 X 消费量增加，X 提供的效用会递减，即每增加 1 单位 X 的消费，所增加的效用会递减。如果用 TU_x 代表消费 X 获得的总效用，用增加 1 单位 X 消费所增加的效用表示为 MU_x，这 MU_x 可称为边际效用，$MU_x = \triangle TU_x / \triangle X$。如果商品可无限分割（事实上不可无限分割），则 $MU_x = \lim \triangle TU_x / \triangle X = dTU / dx$。由于 X 增加（消费量）时，起初总会使总效用增加，即 $MU > 0$，但增加到一定程度时，边际效用会成为负数，即 $MU_x < 0$（如吃第四个馒头或面包时），反而会使总效用下降。因此，边际效用为零时，总效用最大。

边际效用会递减的原因有两个：①生理或心理原因。人的欲望虽多种多样，但由于生理原因，每一具体欲望满足总有限，因而随着消费某商品量增加，感觉的满足程度会递减。②物品通常有多种用途，各用途的重要程度不一，通常起初消费的用途较大，增加使用时其用途会依次递减。

人们知道，消费者会从消费各种商品中获得效用。假定消费者从消费 X 和 Y 两种商品中获得效用，获得效用的总量与消费 X 和 Y 的数量有关。这样，效用函数可写成：$TU = f(X, Y)$，TU 也可写成 U，U 对 X 和 Y 的偏导数就是 X 和 Y 的边际效用，即 $MU_x = \dfrac{\partial U}{\partial X}$ 和 $MU_y = \dfrac{\partial U}{\partial Y}$。$MU_x$ 的含义是当 Y 不变时增加 1 单位 X 能给消费者增加多少效用，MU_y 的含义同样如此。

（三）总效用与边际效用的概念

总效用和边际效用是与效用相关的两个概念。总效用（TU）是指消费者在一定时间内从一组物品的消费中得到的总满足感。假定消费者消费 Q 数量的物品或劳务，则总效用函数为：

$$TU = f(Q) \tag{2-3}$$

随着消费数量的增加，总效用会不断增加，但是增加的速度越来越慢，这是因为每增加一单位物品的消费，新增加的效用越来越小。

经济学家把每增加一单位某种物品的消费所带来的总效用的增量称为"边际效用"（MU）。边际是个动态概念，是指由自变量的变动量所引起的因变量变动量之比。在边际效用的概念中，自变量为消费的变动量，因变量为总效用的变动量。所以，边际效用可以表示为：

$$MU = \frac{\Delta TU}{\Delta Q} \qquad\qquad (2-4)$$

根据数学知识，如果△Q连续变化至无穷小，边际效用是总效用函数的导数。当导数为零时，函数值达到最大。即：

$$MU = \frac{\mathrm{d}TU}{\mathrm{d}Q} \qquad\qquad (2-5)$$

（四）边际效用递减规律

边际效用递减规律可表述为：其他物品的消费量保持不变，给定时期内随着某种物品或劳务消费量增加，其边际效用是递减的。

边际效用递减是一个心理规律，反映了人们的主观心理感觉。它普遍存在于消费者对物品和劳务的消费中，而且是经济学的一个重要假设。凡假设、公理都不是逻辑推理的结果，不需要证明，只需接受。但是它们需要经受事实的验证，如果能解释现实，就必须接受。比如，如果只有一盆水，首先要保证饮用，水的数量增加了，就可以洗脸，再多一些，可以用来洗澡、洗衣服，再多一些可以用来浇花。水资源有限，用途多种，理性人会把有限的水用在最重要的用途上，水的重要性递减，边际效用递减。

二、预算约束与无差别曲线

（一）预算约束

消费者为追求最大满足，当然希望能购买多一点商品，但是消费者并不是想买多少就能买多少。在一定时期内，他的收入水平和面对的各种商品的价格都是一定的，他的消费不可能超越他的收入和商品价格的制约，即预算约束。

消费预算线表示，在消费者可支配收入和商品价格一定的条件下，消费者所能购买的不同商品的组合。除了预算约束，消费者还可能受一些非预算约束，具体如下：

（1）时间约束。除了花钱，消费还要花时间。人的时间总是有限的，如果时间不够，即使有钱，消费也会受限。

（2）身体状况约束，包括年龄、疾病体弱等都会构成人们消费约束。比方说，有些人有钱出国旅游，但年龄偏大或体弱多病的人就无法远行。

（3）商品约束。比方说一些消费者很想购买也有钱购买某些商品，但市场上就是缺货或担心市场上有的商品质量有问题，就无法消费这些商品。

构成非预算约束的因素还有不少，但一般说来，对于大多数消费者来说，购买能力约束即预算约束是最主要的因素。因此，下面撇开非预算约束来讨论消费者的最优消费行为。

由于存在边际效用递减规律，因此，作为消费者，即使他只消费一种物品，也不能是无止境地消费，何况消费者消费的物品有许多种。如果这些物品的价格已定，消费者要从其所消费的物品中获得最大的效用，他就必须把有限的收入分配到他所需消费的各种物品中去。理性的消费者行为都是会在一定预算约束下购买自己最需要的一些产品。

（二）无差异曲线

消费者的选择受到许多因素的影响，所有这些因素可以归结为两个概念：偏好和预算约束。这里解释偏好和表示偏好的无差异曲线。

1. 偏好的定义

偏好是指消费者对某种物品的喜好或厌恶的程度。人们偏好某个东西，就是指它可以满足人的某种欲望。偏好具有主观性，存在明显的个体差异，一个人的偏好与他的生理、心理、家庭出身、社会环境、思想观念和个人经验有关。现实中有人偏好物质财富，有人偏好社会地位，有人偏好自由自在。不同的人对幸福的不同方面有着不同的诉求，因而对影响幸福的因素也有不同的主观评价。

2. 代表偏好的无差别曲线

常用无差异曲线来表示消费者的偏好，为了说明无差异曲线是如何构建的，先来看如下例子。假设小李购买猪肉和鸡蛋，假设的猪肉和鸡蛋消费量的两种不同组合（可以代表猪肉和鸡蛋的无数种组合）为：A. 猪肉数量为1；鸡蛋数量为5。B. 猪肉数量为5；鸡蛋数量为1。这两种组合使小李得到同样程度的满足（即相同的效用水平）。也就是说，对小李来说，1斤猪肉加5斤鸡蛋给他带来的效用和5斤猪肉加1斤鸡蛋给他带来的效用是一样的。这样的组合被称为无差异组合。

现在我们把数据用图来表示。如图2-7所示，横轴表示小李消费的猪肉数量，纵轴表示小李消费的鸡蛋数量。在他看来，A点（1斤猪肉，5斤鸡蛋）和B点（5斤猪肉，1斤鸡蛋）表示的两种商品的不同组合，给他带来的效用是无差异的，这样的组合可以无限多并且连续，这样，在一个坐标图中，把这些商品组合连接起来，就是无差异曲线。所以，无差异曲线是一条表示给消费者带来相同满足程度的商品组合点的连线。在本例中，无差异曲线表示使小李同样满足的猪肉和鸡蛋的所有可能的组合，小李消费沿着无差异曲线上猪肉和鸡蛋的所有组合，所得到的满足是相同的。这意味着，同一条无差异曲线所有各点代表的商品组合给消费者提供了同样的效用，无差异曲线可以看成是一条"等效用"曲线。

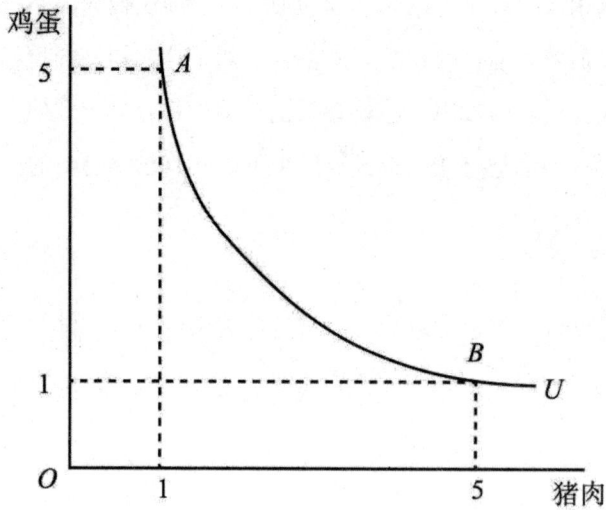

图 2-7　无差异曲线

3. 无差异曲线的特征

由于无差异曲线代表消费者偏好，因此，它们具有反映这些偏好的四个特征，具体如下：

（1）无差异曲线向右下方倾斜。无差异曲线的斜率反映了消费者愿意用一种物品替代另一种物品的比例。如图 2-7① 所示，如果猪肉和鸡蛋都是消费者所偏好的物品，则意味着猪肉和鸡蛋在偏好上是可以替代的。也就是说，为了达到同样的满意度，增加猪肉的消费量，就必须减少鸡蛋的消费量，增加一定量猪肉所引起的效用增加必须通过减少一定量的鸡蛋引起的效用减少来抵消。所以，大多数无差异曲线向右下方倾斜。

（2）消费者偏好较高位置的无差异曲线。由于消费者通常偏好消费更多而不是更少的商品，这种对更大数量的偏好反映在无差异曲线上，消费者对较高位置无差异曲线的偏好大于较低位置的无差异曲线。因为位置较高的无差异曲线所代表的物品量多于较低位置的无差异曲线，从而给消费者提供了更高的效用，所以被消费者偏好。如图 2-8 所示。

---

① 本节图片引自：张亚丽. 经济学 [M]. 广州：中山大学出版社，2020.

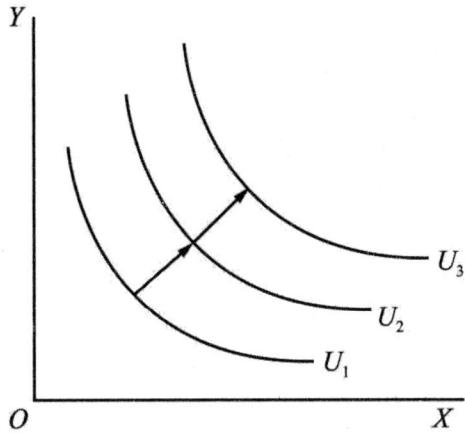

图 2-8 消费者偏好

同一无差异曲线上所有各点上的效用水平相同，消费者具有相同的偏好。但消费者对较高无差异曲线 U_3 上任一点的偏好大于较低的无差异曲线 U_2 和 U_1 上任何一点。

（3）无差异曲线不能相交。如图 2-9 所示，假设有两条相交的无差异曲线 U_1 与 U_2，它们相交于 A 点。由于 A 点与 B 点同在 U_2 的无差异曲线上，这两个点代表的效用水平一样；又由于 A 点与 C 点同在 U_1 的无差异曲线上，这两个点代表的效用水平也一样。根据偏好的传递性公理，必有 B 与 C 点无差异，这就与消费者对较高无差异曲线的偏好大于较低的无差异曲线的假设相矛盾。因此，两条无差异曲线不能相交。

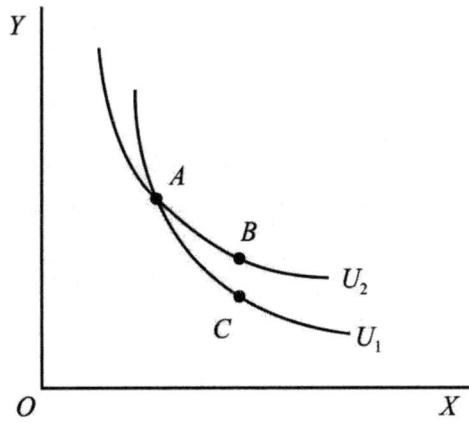

图 2-9 无差异曲线不能相交

（4）无差异曲线凸向原点。这意味着保持总效用不变，随着某种物品数量的连续增加和另一种物品数量的连续减少，无差异曲线将逐渐变得更为平坦。无差异曲线的这一特点是由边际替代率递减规律所决定的。

4. 极端的无差异曲线

在大多数情况下，由于边际替代率的递减趋势，无差异曲线是一条凸向原点的线。但在一些特殊情况下，无差异曲线并不会凸向原点。我们考虑两种极端的情况。

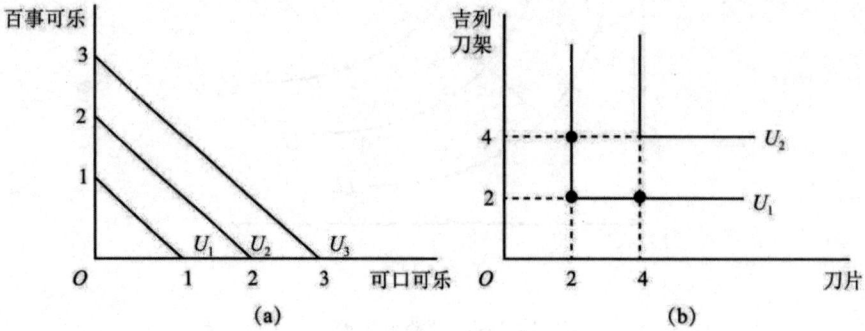

图 2-10 完全替代品和完全互补品的无差异曲线

图 2-10（a）为完全替代品的情况。完全替代品是指两种物品的效用几乎完全相同，可以很容易地相互替代。比如可口可乐和百事可乐，这两种饮料在口味上的差别很小，消费者随便喝哪一种饮料都一样，多喝一瓶可口可乐就会少喝一瓶百事可乐，你总愿意用一瓶可口可乐换一瓶百事可乐，两种商品完全替代，这两种饮料的边际替代率就是一个不变的常数1。如图 2-10（a）所示，由于边际替代率是不变的，完全替代品的无差异曲线为一条斜率不变的直线。

图 2-10（b）为完全互补品的情况。如果两种物品必须按照某一固定比例结合在一起才能消费，那么它们就是完全互补品。例如，吉列刀架和刀片、电脑硬件和软件。假如有一些吉列刀架和刀片的组合，其中一些是刀架，另一些是刀片，如何对这些组合进行排序。在这种情况下，只关心吉列刀架和刀片组合的数量，也就是说，会从这些刀架和刀片组合的数量来判断对某个组合的偏好。那么，表示消费者偏好的无差异曲线是直角线。如图 2-10（b）所示，水平的或垂直的无差异曲线表明，2个刀架和4个刀片组合数量是2，如果不同时增加刀架，只增加刀片数量没有价值。同样，2个刀片和4个刀架的组合也是2。直角形的无差异曲线表示两种物品是完全互补品。

三、消费者选择与消费者剩余

（一）消费者选择

无差异曲线表示消费者的主观偏好，即表示消费者愿意买什么。预算线则表示消费者在选择时面临的约束，即表示消费者能够买什么。现在把无差异曲线和预算线结合起来，在消费者的偏好和预算约束的前提下，分析消费者对最优商品组合的选择。

1. 消费者最优选择分析

在分析消费者选择时，一般假定给定有限的预算，理性的消费者总是选择使其效用最大化的商品组合。并且，最优的商品组合必须位于给定的预算线上。现在我们来看消费者如何把有限的收入用于不同物品的购买，以实现效用最大化的目标。

（1）最优选择的图形表达。给定消费者的偏好（无差异曲线的形状）、收入和价格，消费者需要购买多少 X 物品和 Y 物品才能实现最大的效用水平。先用图形说明消费者的最优选择。如图 2-11 所示，同时画出了预算线和三条无差异曲线。

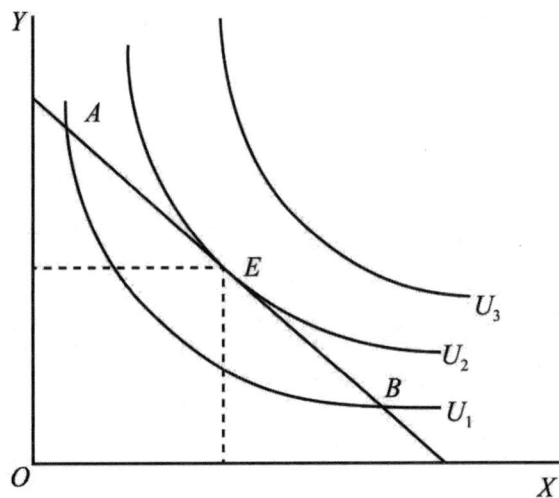

图 2-11　最优选择

可以看到，无差异曲线与预算线的位置关系有三种相交（如 U_1）、相切（如 U_2）与相离（如 U_3）。显然，相离（U_3）的无差异曲线离原点最远，代表着最高的效用水平，是最有利于消费者的。然而，这条无差异曲线虽然很好，但消费者到达不了，因为这条无差异曲线在预算线之外，其经济含义是：预算线之外的无差异曲线上的每一点所代表的商品组合，在现有的收入和价格水平的约束下，都是消费者买不起的。这说明预算约束对消费者选择的作用。另外两条无差异曲线中，相交（U_1）的预算线从 A 点到 B 点那段弧线都是消费者买得起的商品组合，但这条无差异曲线的位置太低，代表的效用水平太低（是三条无差异曲线中最差的），消费者没有兴趣选择。剩下的是相切的无差异曲线（U_2），这条线上的切点 E 就是消费者的最优选择，因为这是消费者在现有的收入与价格下，所能达到的位置最高的一条无差异曲线上唯一的他买得起的商品组合。

以上分析表明，用图形表示，消费者的最优选择点在无差异曲线和预算线的切点，该点也称为消费者均衡点。消费者均衡是指在收入和价格既定的条件下，消费者把全部收入用于各种物品和劳务的购买，使其总效用达到最大的状态。图 2-11 中的 E 点作为均衡点有两层意思：E 点是一个具有稳定性的选择点，除非外部条件发生变化，否则在该点上消费者不会再改变两种商品的购买比例；E 点之外的其他任何点都是不稳定的，它们存在着向 E 点调节的动力和趋势。

（2）最优选择的数学表达。现在我们用数学方法解释为什么图 2-11 中的 E 点是消费者的最优选择。既然最优选择的几何解是无差异曲线与预算线的切点，那么，用数学方法表达，就是求这两条线的斜率相等。初中几何知识告诉我们，两条线在相切的位置斜率相等。无差异曲线的斜率是两个物品的边际替代率，预算线的斜率是两种物品的价格之比。因此，在消费者最优选择点上，边际替代率等于两种物品的价格之比，即：

$$MRS_{XY} = \frac{P_X}{P_Y} \tag{2-6}$$

上式为消费者最优选择的实现条件。它表示：在收入和价格的约束条件下，为了实现效用最大化，消费者对最优商品组合的选择，一定要使边际替代率等于两种商品的价格之比。

边际替代率等于边际效用的比例（$MRS = MU_X/MU_Y$），因此，我们可以得出消费者效用最大化实现条件的另一种表达方法：

$$\frac{MU_X}{MU_Y} = \frac{P_X}{P_Y} \tag{2-7}$$

整理得：

$$\frac{MU_X}{U_Y} = \frac{MP_X}{P_Y} \tag{2-8}$$

上式表示：在消费者最优选择点，每元货币购买 X 物品的边际效用与每元货币购买 Y 物品的边际效用相等。也就是说，当消费者每元货币购买每种物品所带来的边际效用相等，他对不同商品组合的选择实现了总效用最大。如果上述等式不成立，消费者会调整物品的购买比例，减少每元货币边际效用较少的物品的支出，增加对每元货币边际效用较多的物品的支出，来增加效用，直至购买到满意的商品组合。例如，当 $\frac{MU_X}{P_X} > \frac{MU_Y}{P_Y}$ 时，表明每元货币购买 X 物品的边际效用大于购买 Y 物品的边际效用。这种情况下，消费者会增加 X 物品的购买量，减少 Y 物品的购买量，每变换一元货币的使用方向，都会使消费者从 X 物品上得到的效用大于 Y 物品减少的效用，进而使总效用增加。在边际效用递减规律的作用下，随着 X 物品购买量的增加，X 物品的边际效用递减，而随着 Y 物品购买量的减少，Y 物品的边际效用递增，直至 $\dfrac{MU_X}{P_X} = \dfrac{MU_Y}{P_Y}$，此时消费者的总效用达到最大。

根据上述分析，可以看出消费者选择理论有不同的表述方法。用语言文字表述，消费者的目标是实现效用最大化；用图形表达，消费者的目标是达到位置最高的可能的无差异曲线。对于消费者最优选择点，可以表述为在无差异曲线和预算线的切点；也可以说，所有物品每元货币的边际效用相等。

2. 收入变动和消费者选择分析

消费者的最优选择，实际上是给出消费者对商品的需求量和他的收入及价格之间的关系，如果收入与价格发生变动，最优消费选择也会发生变化。

（1）正常物品与低档物品的收入变动。首先来看收入变动引起预算线变动如何影响最优消费选择。具体地说，假设收入增加了，消费者有能力购买更多的两种物品，预算线向外移动，由于两种物品的价格不变，新的预算线的斜率不变。因此，收入增加引起预算线平行向外移动，它和更高位置的无差异曲线相切，消费者选择从"原来的最优点"移动到"新的最优点"。这虽然意味着消费者可以购买更多的两种物品，但实际上并非一定会增加购买。收入增加使消费者增加对正常物品的购买，减少对低档物品的购买。图 2-12 分别以小汽车和公交车为例，说明当收入变动时，消费者对正常物品和低档物品最优选择的变化。

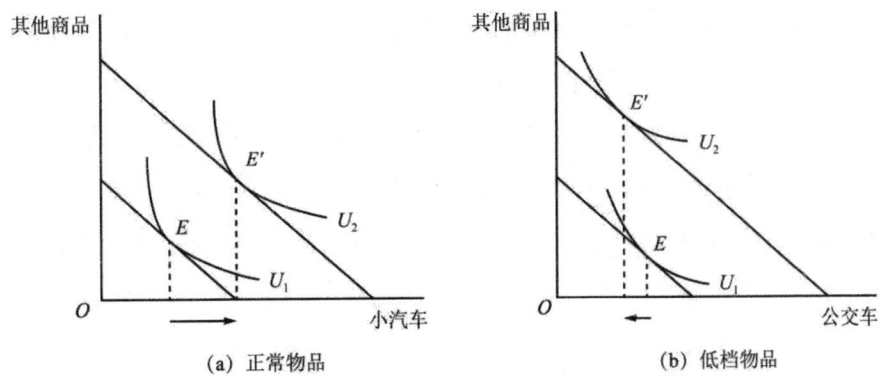

图 2-12 收入变动的情况

如图 2-12（a）所示，在原来的收入水平上，消费者的最优选择在 E 点。收入增加了，预算线平行向外移动，新的最优选择在 E' 点，E 点位于原来最优点的右侧，表明随着收入增加，消费者选择购买更多的小汽车。回顾一下第二章，当消费者的收入增加时，他想更多的购买某种物品，该物品被称为正常物品。在图 2-12（a）中，小汽车是正常物品。

图 2-12（b）表示，在原来的收入水平时，消费者的最优选择在 E 点。收入增加后，预算线平行向外移动，且移动度与图 2-12（a）相同，新的最优选择在 E 点，E 点位于原来最优点的左侧，表明随着收入的增加，消费者减少了对公交车的需求量。收入增加引起需求量减少的物品被称为低档物品。在这里，公交车是一种低档物品。

（2）收入-消费曲线。现在再设想，保持商品价格不变而消费者的收入连续增加，预算线渐次向外移动，可以得到许多相互平行的预算线。

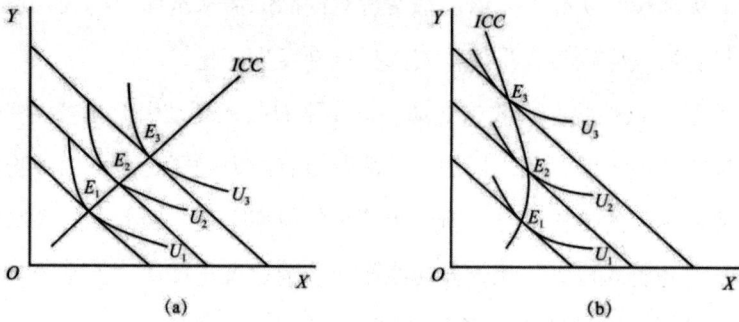

图 2-13　收入-消费曲线

如图 2-13（a）所示，这些预算线分别与不同的无差异曲线相切，得到若干个消费均衡点，连接这些均衡点便可得到一条收入-消费曲线（ICC）。收入-消费曲线是在消费者的偏好和商品价格不变的条件下，与消费者的不同收入水平相联系的消费者均衡点的轨迹。图 2-13（a）中的收入-消费曲线是向右上方倾斜的，它表示：随着收入的增加，消费者对 X 物品和 Y 物品的需求量都是增加的，X 和 Y 都是正常物品。

在图 2-13（b）中，随着收入的增加，收入-消费曲线向后弯曲，它表示：随着消费者的收入增加，消费者对 X 物品的需求量起初是增加的，但当收入增加到一定水平之后，消费者对 X 物品的需求量反而减少了。这说明，当收入提高到一定程度，对消费者来说，X 物品由正常物品变成低档物品。生活中有很多这样的例子。比如，年轻人刚参加工作时，收入水平不高，租房是正常物品；工作若干年后，收入达到一个较高水平，很多人会考虑买房，而对租房的需求量减少，租房就成为低档物品。

（3）恩格尔曲线。最后再看恩格尔曲线，恩格尔曲线是刻画商品消费数量随着收入的增长而变动的路径，可以从收入-消费曲线推导得出。

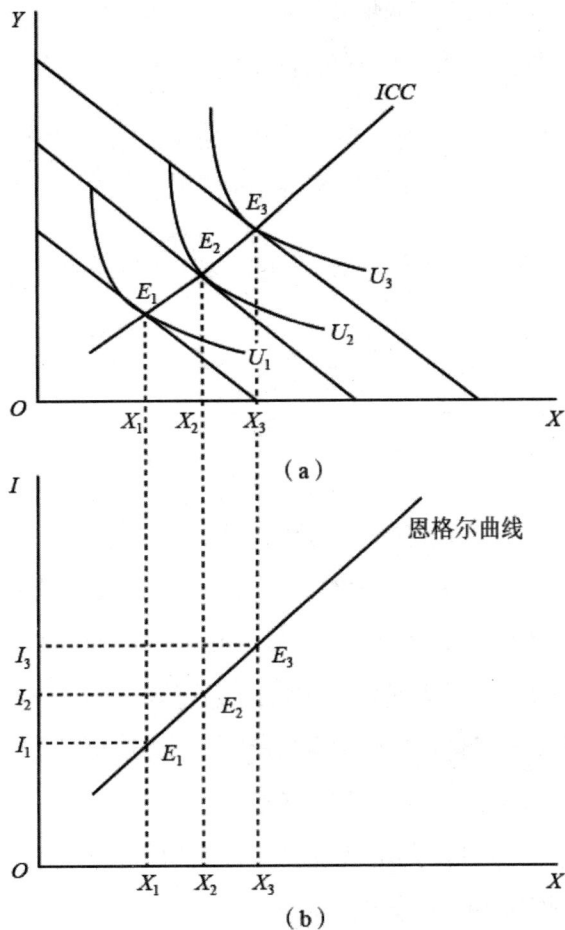

图 2-14 推导恩格尔曲线

如图 2-14 所示，（a）中的收入-消费曲线反映了消费者的收入水平和商品需求量之间的一一对应关系：当收入为 U_1 时，X 物品的购买量为 X_1，于是可以在（b）的 I-Q 坐标系中确定 E_1 点，E_2 和 E_3 点可用同样方法确定，总之，不同收入水平下的不同需求量构成许多点，连接这些点便得到恩格尔曲线，它描述了某种物品的最优购买量随收入变化而变化的情况。该曲线以德国统计学家恩格尔的名字命名，因为他对收入与消费之间关系的研究是最著名的。

图 2-14（b）为正常物品的恩格尔曲线，该曲线向右上方倾斜，表明 X 物品的需求量随着收入的增加而增加。从图 2-14（b）中，可以看出低档物品的收入-消费曲线向左上方倾斜，若从该曲线推导恩格尔曲线，恩格尔曲线一定也是向左上方倾斜，表明低档物品的需求量随着收入的增加而减少。

3. 价格变动和消费者选择分析

（1）普通商品与吉芬商品的价格变动。现在我们来看收入不变，商品价格变动如何改变消费者的选择。商品价格的变动表现为预算线顺时针或逆时针旋转，这会引起消费者均衡点的变化。

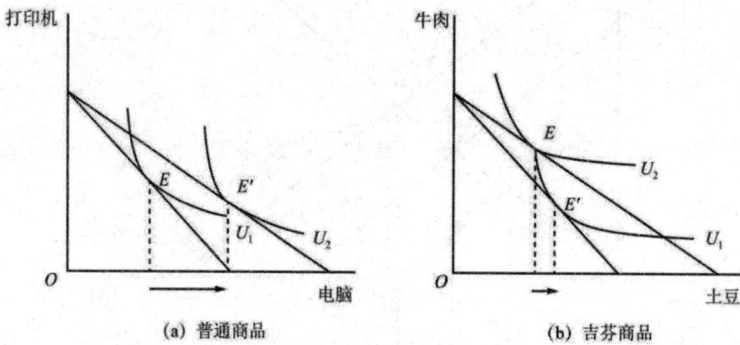

图 2-15　价格变动的情况

如图 2-15（a）所示，当打印机的价格不变，电脑的价格下降时，给定的收入可以买到更多的电脑，预算线围绕纵轴上的交点逆时针旋转，斜率变小了，新的预算线更加平坦，它与具有更大效用水平的无差异曲线相切，最优的消费组合从 E 点移动到 E′ 点，可以看出，消费者对价格相对下降的电脑的需求量增加了，这和第二章解释的需求定理是一致的，经济学家把符合需求定理的物品称为普通商品。

再来看图 2-15（b）。当牛肉的价格不变，土豆的价格上升时，给定的收入只能买到较少的土豆，预算线围绕纵轴上的交点顺时针旋转，斜率变大了，新的预算线更加陡峭，它与较低位置的无差异曲线相切，最优的消费组合从 E 点移动到 E′ 点。E′ 点位于原来最优点的右下方，表明消费者对价格相对上升的土豆的需求量增加了。这种违反需求定理（越贵越买）的物品称为"吉芬商品"。

（2）价格变动的收入效应与替代效应。一种物品的价格变动对该物品需求量的影响包含两种效应：收入效应与替代效应。为了说明这两种效应，我们考虑当牛奶价格不变而馒头价格下降时消费者的反应。

先来看价格变动的收入效应。假如馒头价格下降了，在名义收入不变的条件下，实际收入增加了。比如月收入为 1000 元，馒头 2 元一个，实际收入是 500 个馒头；馒头 1 元一个，实际收入是 1000 个馒头。商品相对价格变动改变的是人们的实际收入。由价格变动引起实际收入变动，进而由实际收入变动引起需求量的变动称为收入效应。如果馒头和牛奶是正常物品，馒头价格下降，实际收入增加，对馒头和牛奶的购买量增加了。所以，正常物品的收入效应为正，降价（涨价）收入效应表现为消费者增加（减少）对该物品的购买量。

再来看价格变动的替代效应。仍然考虑馒头和牛奶的例子，假如馒头价格下降了，这意味着牛奶的价格相对上升，理性的人会少买牛奶多买馒头，用馒头替代牛奶，因为馒头降价并没有使实际收入增加。在实际收入不变的条件下，由商品价格变动引起的商品相对价格变动，进而引起的商品需求量的变动称为替代效应。也就是说，替代效应是指当某种商品价格变化时，消费者倾向于多购买变得相对便宜的商品，少购买变得相对昂贵的商品。所以，替代效应是负的，当一种物品的价格下降（上升），替代效应总是表现为该物品需求量的增加（减少）。我们可用图 2-16 说明这一点。

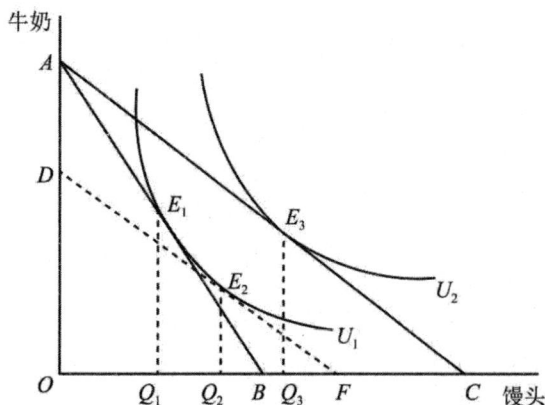

图 2-16 替代效应与收入效应

当馒头价格下降时，预算线 AB 以纵轴 A 点为轴心逆时针旋转到 AC 的位置，最优选择点由原先的 E_1 变为 E_3，此时馒头的需求量由 Q_1 增加到 Q_3，所增加的需求量 Q_1Q_3 是价格变动的结果，被称为总效应。

进一步分析，我们将看到增加的需求量是收入效应和替代效应共同作用的结果。如图 2-16 所示，我们先做一条虚拟的预算线 DF（表示当商品价格下降时，消费者的实际收入不变，即消费者仍然维持在原有无差异曲线的效用水平）。DF 与原来的无差异曲线 U_1 相切，同时又与新的预算线 AC 平行。接下来可把预算线的变化分为以下步骤：

首先，馒头价格下降后，预算线发生了从 AB 到 DF 的变化，这一变化不反映实际收入变化，只反映商品相对价格的变化，所以预算线的斜率发生了变化。消费者均衡点沿着无差异曲线从 E_1 点移动到 E_2 点，E_2 点是在新价格下保持和原价格相同效用水平的最优商品组合。E_1 点与 E_2 点的横坐标之差，就是在实际收入不变的情况下，由馒头价格下降造成的馒头需求量的变化。可以看出，馒头价格下降使消费者对馒头的需求量由 Q_1 增加到 Q_2，这就是替代效应。

其次，由于馒头价格下降使实际收入增加，预算线由 DF 向右平行移动到 AC 的位置，消费者均衡点会移动到更高位置的无差异曲线 U_2，从 E_2 点移动到 E_3 点。虽然 E_2 点和 E_3 点在不同的无差异曲线上，但它们的斜率相同而效用水平发生变动。E_2 点与 E_3 点的横坐标之差，就是在实际收入增加而商品相对价格不变的情况下，由馒头价格下降造成的馒头需求量的变化。可以看出，馒头价格下降，消费者的需求量由 Q_2 增加到 Q_3，这就是收入效应。

馒头价格下降的总效应是收入效应与替代效应共同作用的结果。在图 2-16 中，收入效应和替代效应方向相同。馒头价格降价，收入效应和替代效应都表现为消费者增加了对馒头的需求量，这说明馒头是正常物品。由此推论，如果收入效应和替代效应方向相反，馒头价格下降，收入效应表现为消费者减少了对馒头的需求量，替代效应表现为消费者增加了对馒头的需求量，那么对应的商品就是我们提到的低档物品。

（二）消费者剩余

消费者之所以购买某种商品，一定是因为该商品能够满足他的某种欲望，否则理性的消费者不会让这种购买行为发生，把消费者从商品购买中得到利益称为消费者剩余。

1. 边际效用、支付意愿和需求曲线的联系

一个买者从某种物品的消费中得到多大的边际效用，可用他的支付意愿来衡量。支付意愿是每一个买者愿意为某种物品支付的最高价格，它代表消费者从某种物品的消费中得到的利益。

消费者对一种物品的支付意愿决定了对它的需求量。如果从横轴出发理解需求曲线，需求曲线上的点表示每一数量下消费者愿意为该商品支付的最高价格。也就是说，从需求曲线上我们可以找到和购买量相对应的消费者的支付意愿。支付意愿则衡量消费者从每单位物品的消费中得到的边际效用。随着消费者购买物品数量的增加，边际效用递减，支付意愿随之递减，表现为需求曲线向右下方倾斜。

假设商品为离散变量，不能分成无穷数量。那么，如图 2-17（a）所示，消费者对第一单位商品的支付意愿可以由最左边的第 1 个矩形面积表示，第 2 单位商品的支付意愿可由最左边的第 2 个矩形面积表示，依此类推。消费者从购买 Q 单位商品中得到的总利益可用从左至右 Q 个矩形面积之和表示。我们把 Q_0 个矩形面积的顶端连起来，便得出阶梯状的向右下方倾斜的需求曲线，这可看成是需求曲线的离散化形式。

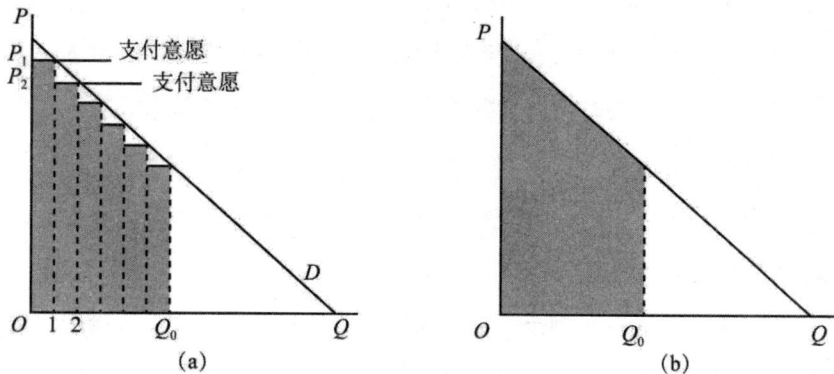

图 2-17 支付意愿与需求曲线

若商品是连续变量，市场的商品数量可以无限细分，比如 0.5 单位、0.1 单位、0.01 单位。那么，无数个表示支付意愿的相邻矩形便狭窄成一条条线，无数条线的顶端连起来，需求曲线表现为一条平滑的向右下方倾斜的直线，这是需求曲线的连续形式。图 2-17（b）的阴影部分表示消费者从购买 Q 单位商品中得到的总利益。

2. 消费者剩余与需求曲线的联系

现实生活中，人们购买商品时并不总是按照支付愿意付费。人们买东西的时候经常讨价还价，结果常常是按照低于支付意愿的市场价格购买到商品，因此得到了消费者剩余。消费者剩余，是指消费者愿意支付的价格和实际支付价格的差额。它衡量的是消费者参与市场交易得到的净利益。

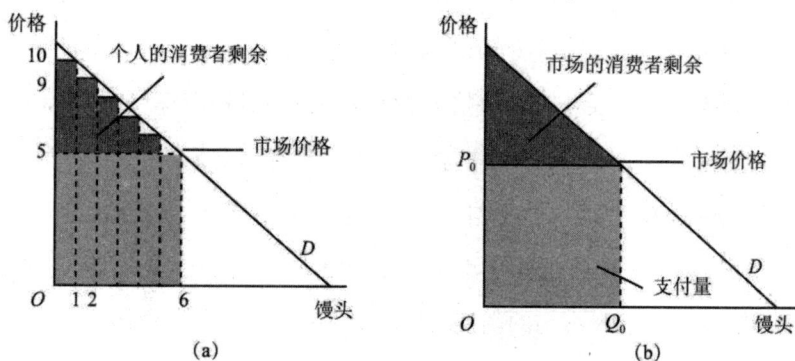

图 2-18 消费者剩余及其衡量

如图 2-18 所示，以馒头为例。（a）表示个人的消费者剩余。个人对馒头的购买是离散的，需求曲线表现为阶梯状。在馒头价格大于 10 元时，消费者不愿购买。在每个 10 元时，买 1 个馒头；在每个 9 元时，买 2 个馒头。假定馒头的市场价格为每个 5 元，这样，消费者从第 1 个馒头中得到的消费者剩余为 5 元（10-5＝5），即图 2-18（a）左侧第一个矩形的上半部分（深色阴影部分）。买第 2 个馒头时得到的消费者剩余略少一点，第 3 个又少一点，直到买第 6 个馒头时没有消费者剩余。如前所述，需求曲线表示消费者的支付意愿。那么，在阶梯状的需求曲线以下、市场价格以上的面积（全部深色阴影部分），就是消费者从 6 个馒头购买中所得到的全部消费者剩余。这刚好是消费者对 6 个馒头的支付意愿减去消费者实际支付价格的差额。

图 2-18（b）为市场消费者剩余。需求曲线为一条平滑地向右下方倾斜的直线，全部阴影部分的梯形面积代表消费者的支付意愿，浅色阴影的矩形面积代表消费者的实际支付量。需求曲线以下市场价格线以上的深色三角形面积就是市场的消费者剩余。

3. 价格变动时消费者剩余的变化

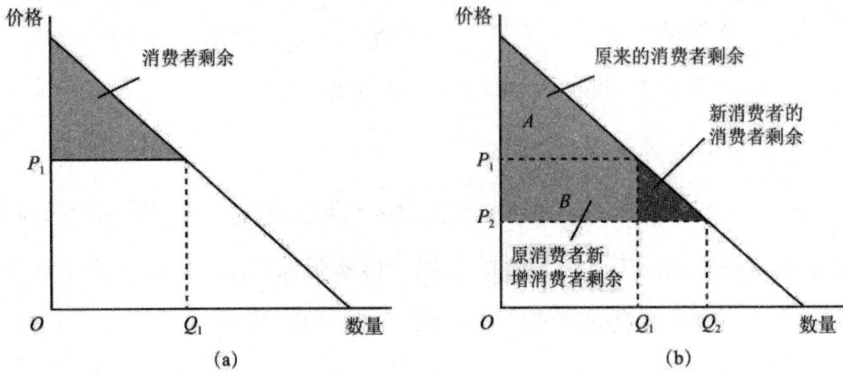

图 2-19   消费者剩余的变化

图 2-19 表示价格变动时消费者剩余的变化。在图 2-19（a）中，价格为 P_1，需求量为 Q_1，消费者剩余为需求曲线与市场价格 P_1 之间的三角形阴影面积。图 2-19（b）显示，当价格从 P_1 下降到 P_2 时，需求量从 Q_1 增加到 Q_2，消费者剩余为需求曲线与市场价格 P 之间的三角形面积（$A+B+C$）。因此，价格下降会增加消费者剩余。在新增的消费者剩余中，浅色阴影部分的矩形面积 B 表示原来的消费者因价格下降而增加的消费者剩余。深色的三角形面积 C 表示降价后新进入市场的消费者购买商品得到的消费者剩余。

显然，价格下降增加了所有消费者的利益。在市场经济中，企业之间竞争的本质，就是为消费者创造剩余的竞争。谁给消费者带来的消费者剩余多，谁就能获胜。也就是说，企业要获利，前提是要给消费者带来利益，这可以解释为什么企业必须不断创新，生产更加物美价廉的产品。市场经济的受益者是广大的消费者。

消费者剩余并不是实际收益的增加，它是一种心理感觉，衡量了消费者参与市场交易得到的利益，因此是度量消费者经济福利的标准。消费者剩余的概念在经济学中很有用。首先，消费者剩余可以成为评价市场运行是否健康的标准；其次，消费者剩余可以度量新技术对社会的贡献，即消费者是否从创新中得到好处；最后，消费者剩余可用来评价政府的公共支出和税收政策。政府制定收入和支出政策时应考虑对消费者剩余的影响。

第三节 生产与成本理论

生产者是指能够做出统一的生产决策的单个经济单位。就生产者行为来看，往往都会假设生产者或企业的目标是追求利润最大化。这一基本假设也是"经济人假设"在生产和企业理论中的具体化。企业是从事生产经营活动的经济行为主体，其利润取决于外部的市场和内部的效率。

一、生产理论

（一）生产函数

生产函数是为了体现企业将一定投入转变成产出的能力，它表示在一定时期内，在技术不变的情况下，生产中所使用的各种生产要素的数量与所能生产的最大产量之间的函数关系。简而言之，生产函数就是生产过程中各要素投入量与产品产出量之间的关系。

假定生产中投入的各种生产要素为 X_1，X_2，X_3，$\cdots$，X_n，所能生产的最大产量为 Q，则生产函数可以表示为公式（2-9）。

$$Q = f(X_1, X_2, X_3, \cdots, X_n) \tag{2-9}$$

（二）一种可变要素的投入

假定两种投入中，资本量是固定的，仅有劳动量可变，则产生一种可变投入品生产函数。

如果将 L 表示劳动量，K 表示资本量固定不变，Q 为产品总产量，则此时的生产函数（也称短期生产函数）的基本形式为：$Q=f(L)$。对于 $Q=f(L)$，在某一可变要素的投入水平上，产量函数有以下三种：

第一，总产量函数：$TP=Q=f(L)$。总产量是指生产出来的用实物单位衡量的产出总量，如多少吨棉花、多少吨钢材等。

第二，平均产量函数：$AP = TP/L$。平均产量是指总产量除以总投入的单位数，也就是指每单位投入生产的产出。

第三，边际产量函数：$MP = TP/L$ 或 $MP = dTP/dL$。边际产量是指在其他投入保持不变的条件下，由于新增一单位的投入而多生产出来的产量或产出。

（三）两种可变生产要素的投入

假定企业在既定技术条件下只生产一种产品，有劳动力 L 和资本 K 两种可变生产要素投入，则其生产函数可以表示为：$Q = f(L, K)$。

1. 等产量线

当两种生产要素（资本与劳动力）都可变时，需要使用等产量曲线来描述企业的生产函数。等产量曲线表示在技术水平不变的条件下，生产同一产量的两种相互替代的可变要素投入量的各种不同组合。基本原理与无差异曲线相似。

2. 边际技术替代率

边际技术替代率（MRTS）是用来测量在维持产出水平不变的条件下，增加一单位的某种要素投入所能够减少的另一种要素投入量。用公式（2-10）可表示为：

$$MRTS_{LK} = -\frac{\Delta K}{\Delta L} \tag{2-10}$$

关于边际技术替代率，应注意以下内容：

（1）等产量线上任意一点的边际技术替代率是等产量线在该点的斜率的绝对值。边际技术替代率递减反映了边际收益递减规律，即随着劳动力投入税的增加，每增加一单位劳动力所能替代的资本量越来越少。

（2）等产量线上任意一点的边际技术替代率等于两种要素的边际产量之比。即公式（2-11）：

$$MRTS_{LK} = \frac{MP_L}{MP_K} \tag{2-11}$$

（3）等成本线。等成本线又称企业预算线，是一条表明在生产成本和生产要素价格既定条件下，生产者所能购买的两种要素的最大数量组合。等成本线的表达公式（2-12）为：

$$C = P_L L + P_K K \tag{2-12}$$

等成本线斜率为 P_L/P_K，即劳动力的价格（P_L）与资本的价格（P_K）之比，表示在投入品总支出不变时替换一单位劳动力所需要的资本数量。

（4）生产要素的最优组合。生产要素的最优组合由等产量线与等成本线的切点决定，即在这一点等成本线的斜率与等产量线的斜率相等。而等产量线上任意一点的边际技术替代率是等产量线在该点的斜率的绝对值，因此，生产要素最优组合的条件是：边际技术替代率等于要素的价格比例。用公式（2-13）可表示为：

$$MRTS_{LK} = \frac{MP_L}{MP_K} = \frac{P_L}{P_K} \qquad (2\text{-}13)$$

即：

$$\frac{MP_L}{P_L} = \frac{MP_K}{P_K} \qquad (2\text{-}14)$$

存在多种可变要素时，厂商通过在不同生产要素上分配支出，使 1 元钱的此种生产要素的边际产量等于 1 元钱的另一种生产要素的边际产量，从而使既定成本下的产量最大化。

（四）规模报酬

企业只有在长时期中才能改变全部生产要素的投入，进而影响生产规模，所以规模收益研究的是企业的长期生产决策问题。

规模报酬也称规模收益，是指在其他条件不变的情况下，企业内部各种生产要素按照相同比例变化时所带来的产量变化，即生产规模变化与所引起的产量变化之间的关系。根据生产规模和产量的变化比例的不同，可将规模报酬分为三类，包括：①规模报酬不变，即产量增加的比例等于各种生产要素增加的比例；②规模报酬递增，即产量增加的比例大于各种生产要素增加的比例；③规模报酬递减，即产量增加的比例小于各种生产要素增加的比例。

在长期生产过程中，企业的规模报酬一般会根据企业规模呈现一定的规律。当企业规模较小时，扩大生产规模报酬递增，此时，企业会扩大规模以得到产量递增所带来的好处，将生产保持在规模报酬不变的阶段。此后，如果企业继续扩大生产规模，就会出现规模报酬递减的情况。因此，多数行业会有一个适度最佳规模或适度规模，此时企业的单位生产成本最小。

二、成本理论

(一) 成本与成本函数

1. 成本

(1) 会计成本与机会成本。会计成本又称生产费用，是生产过程中企业对所购买的各种生产要素的货币支出。换言之，会计成本是企业在生产经营过程中所支付的物质费用和人工费用。

机会成本也称经济成本，是指企业利用一定的资源获得某种收入时所放弃的其他可能的最高收入。或当一种生产要素被用于生产每单位某产品时所放弃的使用相同要素在其他生产用途中所得到的最高收入。

(2) 显性成本与隐性成本。显性成本是企业总成本的组成部分，是指企业购买或租用的生产要素的货币支出，是会计账目上作为成本项目入账的各项费用支出。隐性成本是总成本的又一组成部分。隐性成本是指企业本身所拥有的并且被用于该企业生产过程的那些生产要素的总价格。换句话说，隐性成本是企业自己拥有并使用的资源的成本，因此，从这个意义上说它也是一种机会成本，应该从机会成本的角度按照企业自有生产要素在其他用途中所得到的最高收入来支付和计算。

(3) 沉没成本与增量成本。沉没成本是指已经发生且不能收回的成本，或者是不因生产决策而改变的成本。增量成本是由于某项生产决策而产生的相关成本，是总成本的增量。它主要是企业新增加产量而带来的费用，也就是变动成本。

(4) 会计利润与经济利润。会计利润是企业销售产品的总收益与会计成本的差额。其计算公式为会计利润=总收益-会计成本（显性成本）。

经济利润是指企业的总收益和总成本的差额。经济利润称超额利润，也可简称为利润。企业所追求的最大利润，指的就是最大经济利润。

$$经济利润=总收益-经济成本（机会成本）$$
$$=总收益-（显性成本+隐性成本）$$
$$=会计利润-隐性成本$$
$$=会计利润-正常利润 \tag{2-15}$$

2. 成本函数

成本函数是表示企业总成本与产量之间关系的函数。由于考查时期不同，成本函数可分为短期成本函数和长期成本函数。

短期内劳动力数量通常是可以改变的投入，而资本设备则是固定不变的投入。短期即生产时间很短，在这种条件下会有一种或几种生产要素的数量固定不变，因此，也就有了固定成本和可变成本之分。如果以 C 表示总成本，q 表示产量，b 表示固定成本，短期成本函数可表示为：

$$C = b + f(q) \tag{2-16}$$

长期是指企业在这段时间内可以调整生产要素，因此，一切生产要素在长期条件下都是可变的，这样长期成本中就没有固定成本，一切成本都是可变的。长期成本函数为：

$$C = f(q) \tag{2-17}$$

从含义上看，短期成本函数和长期成本函数的区别就在于是否有固定成本和可变成本之分；从函数计算公式上看，二者的区别在于是否含有常量。短期成本函数具有常量，长期成本函数没有常量。

（二）短期成本分析

长期成本由于可变因素太多，函数会变得相当复杂，因此，这里仅对一种要素变动的短期成本函数进行分析。

1. 短期成本的概念

短期总成本可以分为固定成本和可变成本，这就涉及总成本、总固定成本和总可变成本三者的关系和区别。

总固定成本（TFC）是指在短期内不随产量增减而变动的成本，包括厂房和设备的折旧、管理人员的工资费用等。

总可变成本（TVC）是指随着产量变动而变动的成本，包括原材料、燃料和动力，生产工人的工资费用等。

总成本（TC）是指企业在短期内生产一定量产品所需要的成本总和。即

$$TC = TFC + TVC \tag{2-18}$$

平均成本（ATC）又称为平均总成本，即单位产品成本，是总成本除以总产量所得的结果。平均成本也分为平均固定成本（AFC）与平均可变成本（AVC）。其中，平均固定成本是平均每一单位产品所消耗的固定成本；平均可变成本是平均每一单位产品所消耗的可变成本。平均成本的计算公式为（2-19）：

$$ATC = \frac{TC}{Q} = AFC + AVC \quad AFC = \frac{TFC}{Q} \quad AVC = \frac{TVC}{Q} \tag{2-19}$$

边际成本（*MC*）是指增加一个单位产量时总成本的增加额。其计算公式为（2-20）：

$$MC = \frac{\Delta TC}{\Delta Q} \tag{2-20}$$

2. 决定短期成本变动的因素

决定短期成本变动的主要因素包括劳动力、资本等生产要素的价格以及生产率。

（1）生产要素的价格对短期成本变动的影响。一般情况下，在其他条件不变时，工资和原材料、机器设备等生产资料的价格以及租金的提高，会导致成本的相应提高。

（2）生产率对短期成本变动的影响。生产率是指总产出对加权平均投入的比例，可以用劳动生产率和全要素生产率表示。劳动生产率即平均产量，也就是每单位劳动的产量或产出。全要素生产率即每单位总投入（劳动力投入和资本投入）的产入或产出。一般情况下，在其他条件不变时，生产率提高就会导致生产成本的下降，而生产率下降则会导致成本的上升。

（三）长期成本分析

在长期内，由于企业投入的所有生产要素都是可变的，因而长期成本分析包括长期总成本、长期平均成本和长期边际成本的分析。

1. 长期总成本的分析

长期总成本是指企业在长期中，在每个产量水平上通过选择最优的生产规模所能达到的最低总成本。

长期总成本函数表示产量与长期总成本的关系。

长期总成本曲线是无数短期总成本曲线的包络线。它从短期总成本曲线的下方包络众多短期总成本曲线。长期总成本曲线从原点出发向右上方倾斜，其经济含义表示：长期总成本随着产量的增加而增加。长期总成本曲线的斜率先递减，经过拐点后变为递增。（原因：规模报酬的作用。）

2. 长期平均成本的分析

长期平均成本曲线是无数条短期平均成本曲线的包络线。其表示企业在长期内在每一产量水平上可以实现的最小的平均成本。长期平均成本曲线并不是由许多短期平均成本曲线的最低点组成的。每条短期平均成本曲线与长期平均成本曲线不相交但相切，并且只有一个切点，从而形成一条包络曲线。之所以这样，是为求降低成本而选择生产规模的结果。

长期平均成本曲线是先降后升的 U 形曲线，与短期平均成本曲线相似，但二者的原因是不同的。长期平均成本曲线呈 U 形的原因是由规模经济与规模不经济造成的；而短期平均成本曲线呈先降后升的 U 形的原因是由要素的边际报酬递减规律造成的。

二者的形状也有区别，长期平均成本曲线无论是在下降时还是上升时都比较平缓，这说明在长期中平均成本无论是减少还是增加都变动较慢。这是由于在长期中全部生产要素可以随时调整，从规模收益递增到规模收益递减有一个较长的规模收益不变阶段，而在短期中，规模收益不变阶段很短，甚至没有。

3. 长期边际成本的分析

长期边际成本曲线也呈 U 形，当长期边际成本小于长期平均成本时，长期平均成本曲线处于下降阶段；当长期边际成本大于长期平均成本时，长期平均成本曲线处于上升阶段；当长期边际成本等于长期平均成本时，长期平均成本曲线达到最低点。

(四) 收益与利润最大化

企业要实现利润最大化，就要通过比较付出的成本和获得的收益，来决定生产规模的大小。

1. 总收益、平均收益和边际收益

总收益（TR）是企业生产并销售一定数 M 的产品或提供一定数量的服务而得到的收入总额，或者称为全部销售收入。如果企业只生产一种产品，其总收益就是产品销量（Q）与其价格（P）的乘积，即 $TR = PQ$。

平均收益（AR）是单位销售量的收益，即 $AR = TR/Q = P$。可以看出，平均收益就是单位产品的价格。

边际收益（MR）是企业增加销售一单位产品而获得的总收益的增量。可用公式（2-21）表示为：

$$MR = \frac{\Delta TR}{\Delta Q} \tag{2-21}$$

2. 利润最大化原则

在经济学中，假设企业的目标是追求利润最大化，即获得超额利润。

$$利润 = 总收益 - 总成本 \tag{2-22}$$

利润（π）也可以用函数关系表示为（2-23）：

$$\pi（Q）= TR（Q）- TC（Q） \tag{2-23}$$

利润最大化必须满足（2-22）：

$$\frac{d\pi}{dQ} = \frac{dTR}{dQ} = \frac{dTC}{dQ} = 0 \tag{2-24}$$

由此推出企业实现利润最大化的条件是 $MK=MC$，即边际收入等于边际成本。

从长期看，企业的目标是企业长期利润最大化，即价值最大化。企业价值是企业未来预期现金流量的现值之和。企业价值（EV）可用公式（2-25）表示为：

$$EV = \frac{\pi_1}{1+r} + \frac{\pi_2}{(1+r)^2} + \cdots + \frac{\pi_n}{(1+r)^n} = \sum_{t=1}^{n} \frac{\pi_t}{(1+r)^t} \tag{2-25}$$

第四节 生产要素市场理论

一、生产者使用生产要素的原则

生产者使用要素的目的是生产出消费者需要的产品，以获取最大利润。也就是说，生产者使用要素的原则是指在一定时间内，在一定条件下，根据企业内部的生产状况和市场情况，确定要素使用量，以实现利润最大化，即边际要素成本=边际收益产品（$MFC=MRP$）。

生产者利润最大化的条件是 $MFC=MRP$，主要通过以下两种情形进行分析：

当 $MRP>MFC$ 时，表示每增加一个单位的要素投入，给生产者带来的收益会大于给生产者带来的成本，于是，生产者就会使用更多的要素，直至 $MRP=MFC$。

当 $MRP<MFC$ 时，表示每增加一个单位的要素投入，给生产者带来的成本会大于给生产者带来的收益，于是，生产者就会减少要素的投入，直至 $MRP=MFC$。

综上所述，$MFC=MRP$ 是生产者使用生产要素的原则。

二、劳动供给曲线与均衡工资

（一）分析生产要素供给

1. 生产要素供给的目的

生产要素属于不同的所有者，这些所有者可能是生产者，也可能是消费者，由于身份不同，他们的要素供给行为的目的就有差别。一般情况下，生产者的要素供给行为是为了利润最大化，消费者的要素供给行为是为了效用最大化。

2. 生产要素效用的分配。

假设要素供给者的身份只是消费者，那么要素供给面临的问题就有要素数量在一定时间内是固定不变的。如每个人每天只有 24 小时可以利用，但要让一个人每天提供 24 小时的劳动就非常不现实。如果将消费者提供要素后剩余部分的要素称为保留自用，那么消费者面临的生产要素效用分配问题就是将全部要素在要素供给和保留自用两种用途上如何进行分配，最终实现效用最大化。

（二）分析劳动与闲暇的效用

经济学认为，劳动的供给和闲暇对于消费者都具有效用和边际效用。

1. 劳动的效用与边际效用

劳动的效用体现在劳动可以给消费者带来收入，由于收入有效用，因此劳动也有效用，而且实际上就是收入的效用。

以 ΔL 表示劳动增加量，ΔY 表示劳动增加引起的收入增量，ΔUAt 表示收入增加引起的效用增量，则有公式（2-26）：

$$\frac{\Delta U}{\Delta L} = \frac{\Delta U}{\Delta Y} \times \frac{\Delta Y}{\Delta L} \tag{2-26}$$

公式（2-26）中，可以将 $\Delta U/\Delta L$ 视为劳动供给的边际效用，它表示单位劳动的增加得到的效用增量；$\Delta U/\Delta Y$ 为收入的边际效用；$\Delta Y/\Delta L$ 为劳动的边际收入。因此，可以得到劳动的边际效用等于劳动的边际收入与收入的边际效用的乘积。

2. 闲暇的效用

闲暇是指时间的非市场性质的使用，主要针对通过提供劳动增加货币收入之外的部分，不仅包括吃饭、睡觉、娱乐，还包括所有的家务劳动等不能增加货币收入的部分。

闲暇的效用可以分为直接效用和间接效用两种。休息、娱乐时，可以直接带来消费者的满足，这就是直接效用。做家务时，可以节省相关开支（保洁人员的劳务费等），可以带来间接效用。这里假定所有闲暇的效用都是直接的，用 l 表示闲暇的时间，则闲暇的边际效用就是 $\Delta U/\Delta l$。

3. 劳动的供给原则

消费者供给劳动的目标是效用最大化。效用最大化必须满足的条件是劳动与闲暇二者的边际效用相等，即 $\Delta U/\Delta L = \Delta U/\Delta l$。这就是劳动的供给原则。

若 $\Delta U/\Delta L < \Delta U/\Delta l$ ，可增加闲暇减少劳动来增加消费者总效用。

若 $\Delta U/\Delta L > \Delta U/\Delta l$ ，可增加劳动减少闲暇来增加消费者总效用。

（三）均衡工资的形成

劳动市场的供给曲线就是所有单个消费者的劳动供给曲线的水平相加。尽管单个消费者的劳动供给曲线是后弯的，但就整个劳动市场而言，劳动的供给曲线不一定是向后弯曲的。这是因为在较高的工资水平上，现有消费者提供的劳动供给会减少，而较高的工资水平会吸引新的消费者提供更多的劳动。因此，劳动市场的供给曲线一般是向右上方倾斜的，即随着工资水平上升，劳动的供给量是增加的。实际上，整个社会的劳动供给弹性非常小，劳动供给曲线近似于垂直，工资水平的小幅度波动对整个社会总劳动供给量几乎没有影响。

劳动的需求曲线是向右下方倾斜的。把劳动供给曲线与劳动需求曲线放在同一个坐标系中，两条曲线的交点就可以决定均衡工资和均衡劳动数量。这种方法只适合分析完全竞争市场的均衡工资。在劳动市场存在垄断因素时，均衡工资的决定会受到影响，例如工会的力量对均衡工资及均衡劳动数量的影响。

第三章　国民收入与经济发展

第一节　国民收入决定与核算

一、国民收入决定

国民收入的决定，是宏观经济学要研究和解决的核心问题，它的实质是要阐明总供给与总需求的平衡问题。在阐述了宏观经济均衡含义的基础上，首先重点叙述总需求中的消费需求及其变化规律；然后由简单到复杂，分别阐明在两部门、三部门和四部门经济中国民收入的决定问题；最后，从投资需求出发，阐述投资、政府支出和税收等对国民收入的乘数效应。

（一）消费

总需求是处于主导地位的经济变量，要研究均衡产出和均衡收入的决定问题，首先就要研究总需求。总需求包括消费、投资、政府支出和净出口，其中消费是总需求中最主要的部分，了解总需求应该先从消费开始。

1. 消费函数与消费曲线

消费是指家庭购买产品和劳务的行为，买一瓶汽水、看一场电影、购置一台电脑等都是消费行为。消费既包括消费日用品，也包括消费耐用品；既包括实物消费，也包括享受服务。

影响消费的因素有很多，如收入水平、价格变化、习惯爱好等，其中收入水平是决定消费的主要因素。收入越高，则相应的消费也较高，两者之间是正相关关系。

为分析简单，假定一般的消费函数应该具备如下的形式：

$$C = a + bY \tag{3-1}$$

消费函数反映的是消费 C 与收入 Y 之间的关系。消费函数可以分为 a 和 bY 两个部分，第一部分与收入无关，表示家庭的自发消费，是家庭为了生计必须进行的基本消费；第二部分与收入正相关，收入越多，相应的消费就越多。

消费函数中的 a 表示自发消费，是一个正的常数；b 表示边际消费倾向，是增加的国民收入用于消费的比例。通常人们不会把增加的收入全部用于消费，消费的增加往往小于收入的增加，因此 b 是一个大于 0、小于 1 的正数。

为了分析的简明，人们采用的是线性消费函数，其图形为一条直线。实际上，边际消费倾向是随着收入的增加而不断递减的，因此消费函数应该是一条曲线，而不是直线。

消费曲线的斜率为正，而且随着收入的增加不断递减，表现为曲线越向右移越平坦。用一条直线把曲线上任一点与原点连接起来，这条直线的斜率就表示该点的平均消费倾向（APC），即消费在收入中所占的比重 $\dfrac{C}{Y}$；曲线上任一点的切线斜率表示该点的边际消费倾向（MPC），即收入每增加 1 元所带来的消费增加量 $\dfrac{DC}{DY}$。

对于线性消费函数来说，其边际消费倾向是不变的，表现为曲线斜率始终不变，但是平均消费倾向随着收入的增加而递减。

2. 储蓄函数与储蓄曲线

对家庭来说，收入除了消费，就是用来储蓄。用 S 表示储蓄，则它们之间的关系可以用公式表示为：

$$Y = C + S \tag{3-2}$$

代入消费函数 $C = a + bY$，便可整理得到储蓄函数：

$$S = -a + (1 - b)Y \tag{3-3}$$

储蓄函数反映的是储蓄与收入的关系。从其表达式可以看出，储蓄函数曲线的截距是一个负数，储蓄函数曲线的斜率（$1 - b$）是一个正数，表示储蓄随着收入的增加而增加。斜率（$1 - b$）又被称为边际储蓄倾向，它反映的是收入每增加 1 元所带来的储蓄增加量。

人们进行储蓄的形式有很多，包括存放在银行、购买股票和债券等，这会带来利息、红利等形式的收益。如果这些收益率提高，则会促使人们多储蓄，因为可以获得更多的收益；如果收益率降低，则人们倾向于减少储蓄。

储蓄是指把收入或购买力暂时储存起来，把这个概念进一步推广，我们还可以得到企业储蓄和政府储蓄。企业储蓄是指企业把利润的一部分留存，作为以后的生产投入；政府储蓄是指政府收入大于支出的部分。

增加国民储蓄、提高储蓄率对于促进长期经济增长是至关重要的。

储蓄函数和消费函数是互补的关系。储蓄函数中的 $-a$ 是一个负数，表示储蓄曲线的截距为负；因为 b 是一个大于0、小于1的数，所以 $(1-b)$ 也是一个大于0、小于1的数，它表示边际储蓄倾向 MPS，即收入每增加1元所带来的储蓄增加量 $\dfrac{DS}{DY}$。边际储蓄倾向是随收入递增的，表明随着收入的增加，人们把越来越多的部分用于储蓄。

类似地，我们还可以得到平均储蓄倾向 APS 的概念。平均储蓄倾向表示储蓄在收入中所占的比重边际储蓄倾向和平均储蓄倾向都随着收入的增加而递增，在每一个储蓄水平上，边际储蓄倾向都大于平均储蓄倾向。

可以由消费函数和储蓄函数的表达式推导出，APC 与 APS 之和恒等于1，MPC 与 MPS 之和也恒等于1，即：

$$APC + APS = 1 \tag{3-4}$$

$$MPC + MPS = 1 \tag{3-5}$$

3. 其他消费理论

（1）生命周期假说。生命周期假说认为，人们是站在长期的角度来做消费和储蓄决策的，人们不希望一生中消费水平出现大幅度的变化，而应是比较稳定、平滑的。人们把一生中所有的财富平均地分配到各个时期。一般来说，青年时期收入比较低，依靠举债维持消费；中年时期收入比较高，一部分用来当期消费，另外还要偿还债务，并为老年时期进行储蓄；老年时期的收入又比较低，需要动用储蓄来消费。

根据生命周期假说，一国的消费能力与其年龄结构密切相关。如果青年人、老年人在总人口中的比例不断提高，则消费倾向上升；如果中年人的比重提高，则储蓄倾向上升。

（2）持久收入假说。持久收入假说认为，消费水平与当期收入无关，而只与持久收入相关，消费在各个时期都保持在一个稳定的水平上。持久收入（Y_p）是人们一生中所有收入的平均值，包括现有财富与所有可以预期的收入；与此对应的是暂时收入（Y_t），即不可持续的收入。两者之和构成人们的当期收入（Y），其函数式为：

$$Y = Y_p + Y_t \tag{3-6}$$

消费应该是非常稳定的，由此称为持久消费（C_p），持久消费只与持久收入有关，且保持恒定不变的正比例关系，即持久消费倾向是一个常数，其函数式为：

$$C_p = b \cdot Y_p \tag{3-7}$$

根据该理论，消费比收入更加稳定，暂时性的收入将被分配到各个时期，而使消费保持稳定。收入的任何暂时性变化，如减税带来收入增加或者增税带来收入减少，都不会对消费产生实质性影响。

（3）相对收入假说。相对收入假说认为，消费不仅与自己收入有关，而且与周围人的收入和消费有关。在消费方面，人们总是向别人看齐，一个家庭的消费水平取决于其收入与周围人收入的相对水平。如果某人的收入不变，而周围人的收入和消费同比例增加，则这个人的相对收入是下降的。根据相对收入假说，这个人为了保持与周围人的相对地位，体面地生活着，将提高消费在收入中所占的比例。在他的绝对收入不变的情况下，储蓄将减少。称这种现象为"示范效应"。

如果某人的收入与周围人的收入同比例增加，则他的相对收入并没有改变，其消费占收入的比例也不会发生变化，消费仅仅随着收入的增加而同比例增加。

相对收入不仅是与周围人的收入相比较，还包括与自己以前的收入相比较。如果某人当期的收入高于以前的收入，则当期的消费水平取决于当期收入；如果他的当期收入低于以前的收入，为了维持消费水平，他会提高消费倾向，增加消费在收入中的比例。我们称这种现象为"棘轮效应"。

4. 影响消费的其他因素

影响消费的因素除收入外，还有很多其他因素，如利率、物价水平、收入分配、社会保障制度等。

（1）利率。利率提高对储蓄会产生两种效应：替代效应和收入效应，并且利率提高对储蓄的具体影响取决于替代效应和收入效应的综合结果。利率提高，储蓄收益增加，消费的机会成本提高，从而人们会增加储蓄而减少消费，这种因利率提高而增加储蓄的行为就是利率对储蓄的替代效应。但是，利率提高，储蓄收益增加，使人们的可支配收入增加，又会反过来刺激消费，从而减少储蓄，这种因利率提高而减少储蓄的行为就是利率对储蓄的收入效应。由于存在不同作用效果的两种效应，利率对储蓄的影响结果要结合两种效应来分析。如果利率对储蓄的替代效应大于收入效应，则储蓄增加，消费减少；如果利率对储蓄的替代效应小于收入效应，则储蓄减少，消费增加。

（2）物价水平。物价水平是影响消费的另一个重要因素。在名义收入不变的条件下，当物价上升时，实际收入下降，人们为了维持原来的消费水平，不得不提高消费倾向；反之，如果物价下降，实际收入增加，人们在降低消费倾向的境况下也能够保证原有的消费水平。衡量物价水平一个很重要的指标就是消费者物价指数（CPI 指数）。CPI 指数上升，预示着物价水平抬高，短期来看，合理的物价水平上升，会刺激需求，增加投资，从而增加均衡国民产出。但如果物价持续虚高，不仅无法满足消费需求，而且会由于总供给的不足造成物价水平的进一步抬升，使整个经济陷入混乱之中。

（3）收入分配与社会保障制度。一般而言，高收入者家庭的消费倾向低，低收入者家庭的消费倾向大，因此，如果一个国家的收入分配结构越不均衡，即贫富差距悬殊，就全国而言，其平均消费倾向可能就越小；反之则反是。除收入分配结构影响消费外，社会保障制度也对消费有一定影响。通常情况下，社会保障制度越完善，人们的消费倾向越高；反之则越低。

长期以来，拉动我国经济增长的"马车"以投资和出口为主，如何扩大内需一直是经济决策当局十分关注的问题。为了打开内需，挖掘低收入家庭的消费潜质，国家推动了家电下乡、税费改革、农村医疗保险等政策措施，意在提高广大农民的可支配收入，完善农村社会保障体制，通过农村消费水平的提高带动内需的增长。

（二）不同部门经济中国民收入决定

利用消费函数，从总供给等于总需求出发，来研究经济中均衡收入的决定问题。首先介绍两部门经济的情况，然后逐渐深入，介绍三部门和四部门经济中均衡收入的决定。在分析经济均衡的过程中，始终贯穿着两个基本前提：总供给等于总需求、储蓄等于投资。

1. 两部门经济对国民收入决定的影响

在两部门经济中只包括家庭和企业，因此在总支出方面，只有家庭消费以及家庭和企业的投资，其中企业的投资包括存货投资，用公式表达如下：

$$AE = C + I \tag{3-8}$$

这里的 I 作为外生变量，不受 Y 变动的影响，可以看作一个固定的常数。

代入消费函数 $C = a + bY$，可进一步得到：

$$AE = a + bY + I = (a + I) + bY \tag{3-9}$$

在均衡时，必然有总产出等于总支出 $Y = AE$，代入上式，可以得到：

$$Y = (a + I) + bY \tag{3-10}$$

解这个方程，可得到均衡收入：

$$Y^* = \frac{a + I}{1 - b} \tag{3-11}$$

经济均衡点的产出就是经济中的均衡产出，均衡收入是由总产出水平决定的。如果给出经济中的消费函数和投资支出，就可以算得均衡收入。

在两部门经济中，总收入一部分用来消费，另一部分用来储蓄；总供给可以用总收入表示，即 $Y = C + S$。两部门经济中的均衡条件表示为：

$$Y = C + I = C + S（即 I = S） \tag{3-12}$$

这表明只有储蓄等于投资，才能实现经济的均衡；如果储蓄大于投资，就意味着总收入大于总支出，处于需求不旺的状态，存货投资超过意愿投资水平；如果储蓄小于投资，就意味着总收入小于总支出，出现需求过热的现象，存货投资低于意愿投资水平。

2. 三部门经济对国民收入决定的影响

在讨论了两部门经济中国民收入的决定以后，进一步放宽条件，引入政府部门和对外经济部门，使我们的分析更加接近现实。

（1）政府行为对经济的影响。首先来分析三部门经济中的情况，考查引入政府部门以后，会怎样影响总供给和总需求，从而影响均衡国民收入的问题。

政府的作用包括为经济发展创造条件，对社会财富进行再分配，以及保障社会公平等。当经济波动时，政府将运用各种政策进行调控，使经济回归到正常的发展轨道，实现经济增长、充分就业、低通货膨胀和国际收支平衡的目标。

政府部门主要对家庭和企业的收入征税，筹集资金以满足政府开支和社会发展的共同需要。税收具有强制性、无偿性和固定性的基本特征，从不同的角度可以对税收进行分类。在这里，我们把税收分为定量税和比例税两种。定量税是指无论收入多少，税收总额不变，税收与收入没有关系；比例税是指按照收入的多少征税，税收总额占收入的一定比例，这个比例就是税率，税率由政府部门决定。政府部门可以分别以定量税或比例税的方式征税，还可以采用定量税与比例税相结合的方式征税。政府部门征税会带来可支配收入的减少，进而降低总支出水平、收缩总需求。

政府的支出则会提高总需求的水平。其中，政府购买产品和劳务，直接促成总需求的增加；政府的转移支付，实际上是国民收入的再分配，把国民收入的一部分从边际消费倾向较低的富人手里，转移到边际消费倾向较高的穷人手里，增加他们的可支配收入，间接提高总需求水平。

（2）三部门经济中国民收入的决定。政府税收可以表示为 $T = T_0 + TY$，其中 T_0 为常数，表示自发税收；T 是边际税率，是一个介于 0、1 之间的常数，表示收入每增加 1 单位，会有多少缴纳给政府。这个税收表达式可以理解为政府采取的是定量税和比例税相结合的征税方式；如果取 $T = 0$，则可以理解为政府部门采取了定量税的征税方式；如果取 $T_0 = 0$，则可以理解为政府部门采取了比例税的征税方式。

对于家庭来说，一方面要向政府缴纳税金，另一方面可以获得政府的转移支付。可支配收入是从收入中减去税收 T，再加上转移支付 TR。可支配收入用公式表示为：

$$Y_d = Y - T + TR = Y - (T_0 + TY) + TR = (1 - T)Y - T_0 + TR \qquad (3-13)$$

此时，消费不是直接与收入相关，而是与可支配收入相关。相应地，消费函数的形式变为：

$$C = A + bY_d = A + b[(1-T)Y - T_0 + TR] = A - bT_0 + bTR + b(1-T)Y \quad (3-14)$$

引入政府部门以后，对总支出有两方面的影响。首先，由于政府对家庭征税，造成家庭的边际消费倾向从 b 下降为 $b(1-T)$，而且自发消费减小为 $(A - bT_0)$，征税带来了总支出的下降；其次，政府购买支出 G 是总支出的一部分，因此，引入政府部门后，总支出应该是：

$$AE = C + I + G = b(1-T)Y + (A + I + G - bT_0 + bTR) \quad (3-15)$$

在一般情况下，可以认为 $G - bT_0 + bTR$ 是大于 0 的，从而 $A + I + G - bT_0 + bTR > A + I$。因此，总支出曲线的截距增加了。

根据 $Y = C + I + G$，$C = A - bT_0 + bTR + b(1-T)Y$，可得：

$$Y = A - bT_0 + bTR + b(1-T)Y + I + G \quad (3-16)$$

从中可以解得三部门经济中的均衡国民收入为：

$$Y = \frac{A - b(T_0 - TR) + I + G}{1 - b(1-T)} \quad (3-17)$$

与两部门经济相比较可以发现，由于政府部门的存在，总支出发生了很大变化，反映在图形上，总支出曲线的斜率减小了，截距则增大了。

在总供给方面，收入除了消费和储蓄之外，还要向政府纳税，总供给用收入来衡量可以表示为：

$$Y = Y_D + T = C + S + T \quad (3-18)$$

根据总需求的表达式，可以得到三部门经济的均衡条件：

$$Y = C + S + T = C + I + G \quad (3-19)$$

整理上式可得 $I = S + (T - G)$，其中 S 表示私人储蓄，$(T - G)$ 表示政府储蓄，两者之和为经济中总的储蓄。这个等式表明只有投资等于储蓄，总体经济才能实现均衡。

3. 四部门经济对国民收入决定的影响

世界各国的经济是通过国际贸易、国际资金流动紧密相连的，进出口是一国经济活动的重要组成部分，对一国的经济有着深远的影响。对于我国来说，在相当长的一段时期内，国内需求不旺，出口成为拉动经济增长的重要力量，因此考查对外经济部门的作用具有现实意义。

进口是本国对外国产品和劳务的需求，意味着本国收入的一部分将支付给外国。进口产品可能用来消费，也可能用来投资，如购买一瓶法国香水是消费行为，航空公司购买一架波音飞机是进行投资；进口也包括购买国外的劳务，如中国学生到英国去旅游，便是消费英国的旅游服务，这也属于进口。进口受一系列因素的影响，包括本国的收入水平、消费习惯、经济结构等，其中收入水平是主要的影响因素，一般来说，收入越高，对进口的需求就会越大。进口需求函数可以表示为：

$$M = M_0 + mY \tag{3-20}$$

其中，M_0 表示自发进口，是本国无法生产的必需品，一般是为了维持经济社会正常运行必须进口的资源等；m 是边际进口倾向，表示收入每增加 1 元，其中会有多少用于进口，m 是一个大于 0、小于 1 的常数，表示进口与收入是正相关关系。

出口是外国对本国产品和劳务的需求，意味着本国收入有一部分来自国外。本国的出口便是外国的进口，主要由外国的收入水平、消费习惯、经济结构等因素决定，本国对出口的影响很小，从这个意义出发，我们在分析中可以把出口看作一个常量。

当四部门经济中的总产出等于总支出时，宏观经济就达到了均衡。类似地，我们也可以在图上画出四部门经济中的总支出曲线，这条线与 45°线的交点就是经济均衡点，对应的收入为均衡收入。

四部门经济中的均衡条件可以表示为：

$$Y = C + I + G + NX = C + S + T \tag{3-21}$$

经整理，得：

$$I = S + (T - G) + (M - X) \tag{3-22}$$

这里，S 表示本国私人储蓄，$(T - G)$ 表示本国的政府储蓄，$(M - X)$ 表示进口多于出口的部分，可以理解为外国在本国的储蓄，三项之和为经济中总的储蓄。这个均衡条件表明只有投资等于所有的储蓄，才能实现均衡。

二、国民收入核算

宏观经济学是研究一国经济运行状况的科学，它分析总体的经济现象，并研究政府如何通过经济政策来影响宏观经济的运行。对于宏观经济，首先应该关注的是这个国家能够生产多少产品、创造多少价值、该国国民能取得多少收入。衡量国民经济的状况有一系列指标，包括国内生产总值、国民生产总值、国内生产净值、国民收入、个人收入和个人可支配收入等，其中国内生产总值是最重要、最广泛的指标。

（一）国内生产总值（GDP）

国内生产总值（GDP）是衡量宏观经济总体水平的重要指标，其定义为一个国家或地区在一段时期内（通常指一年）生产的所有最终产品和劳务的市场价值总和。

（二）国内生产总值的核算方法

核算 GDP 的办法主要有三种，即生产法、支出法和收入法。生产法通过加总各产业部门的新增价值而得到国内生产总值；支出法通过加总国内购买各种最终产品和劳务的支出而得到国内生产总值；收入法通过加总各种生产要素的收入而得到国内生产总值。虽然三种方法的计算过程不同，但计算结果是相同的。

GDP 可以通过加总各生产单位的增加值得到。因为 GDP 既可以被视为总收入，也可以被视为总支出。

从生产的角度来看，产出的价值全部以工资、利息、地租、利润等形式支付给劳动和资本等生产要素的提供者，构成他们的收入。从总量上来看，作为一个经济体所有的产出价值之和，GDP 必然与这个经济体的总收入相等，当然也就可以通过加总所有部门的收入得到总收入，从而得到 GDP 的值。

从需求的角度来看，由于未卖出的产品被视为企业的存货投资，当不存在政府购买以及对外贸易时，我们可以认为所有产品要么在当期被消费完，要么留存为未来投资。所有经济部门的消费和投资构成这个经济体的总支出，在数量上必然与 GDP 相等，从而可以通过加总所有最终产品和劳务的支出得到 GDP。

例如，在只有家庭和企业两部分的经济体中，家庭向企业提供劳动、资本和土地，企业以工资、利息、租金等方式向家庭支付要素报酬。这个经济体的国内生产总值是企业提供的所有最终产品和劳务的价值总和，是该经济体的总产出：一方面，家庭向企业购买这些产品和劳务，形成总支出；另一方面，企业把销售产品和劳务取得的收入支付给生产要素的提供者，构成他们的总收入。

那么，包括政府部门在内的、完整的收入支出循环，即三部门、三市场条件下，企业把销售收入以要素报酬的形式支付给家庭，即要素的提供者，形成经济中的总收入。家庭把总收入用于消费、储蓄和缴纳税收，消费直接构成总支出的一部分；储蓄的一部分通过货币市场借贷给政府，与税收一起构成政府的支出；储蓄的另一部分借贷给企业，形成企业投资，结果总收入全部转化为总支出，因此经济中的总收入等于总支出。

可见，总支出和总收入可以理解为，从支出和收入的角度对总产出进行衡量，对一个经济体来说，其总产出必然等于总支出，也必然等于总收入，即：

$$总产出 = 总支出 = 总收入 \qquad (3-23)$$

运用支出法和收入法核算经济体中的总支出和总收入，就能够得到国内生产总值。从理论上说，通过三种方法都能得到 GDP，而且结果应该是相同的；但是在实际中，由于存在统计误差，三种方法得到的结果往往会有所差异；不过这些差异是比较小的，不会妨碍到我们对宏观经济的认识。

1. 生产法

生产法考查各企业或生产部门的增加值，即统计它们最终产品价值和中间产品价值之间的差额。把各个企业或生产部门的增加值加总，就得到国内生产总值。

在具体计算 GDP 时，不同产业/部门计算增加值的方式不同。其中，第一、第二产业的增加值为总产值减去中间产品产值的差额，第三产业按纯收入计算增加值，非营利性部门按工资收入计算增加值。

2. 收入法

收入法是从收入的角度来核算国内生产总值，是把生产要素所有者的收入加总起来得到的 GDP。具体来说，总收入应该包括以下部分：

（1）员工收入。员工收入包括工资和各种补助、福利费等，如果企业为员工支付了所得税或者社会保险税，则也应该计算在内。

（2）非公司企业收入。非公司企业指不被人雇用，也不雇用别人的个体企业，如小商贩、个体运输户、私人侦探等。他们使用自己的资金和设备，为自己劳动，向自己支付工资、利息、租金并独享利润，这些收入很难区分开来，在用收入法计算国内生产总值时，就把他们的总收入统计进来。

（3）租金和利息收入。租金指通过出租土地、房屋、机器设备等取得的收入；利息仅指把资金贷给企业获得的收入，但是不包括购买国债和私人借贷产生的利息，因为这两者分别属于政府转移支付以及私人之间的转移支付。

（4）公司利润。公司利润即企业的税前利润，是指扣除员工报酬、借款利息和固定资产折旧等项目后的净收入余额，包括企业所得税、社会保险税、未分配利润和股东红利等。

（5）企业间接税。税收分为直接税和间接税两种：直接税指企业所得税和个人所得税，这部分税收已经计入工资和利息等项目中，因此不再计入 GDP；企业间接税包括增值税、销售税、周转税等，这些构成企业成本的一部分，应该计入 GDP。

（6）资本折旧。资本折旧属于重置投资，企业总会用收入的一部分来进行陈旧资本的更新，应该加入 GDP。

综上所述，在收入法下，国内生产总值可以表示为：

GDP＝员工收入＋非公司企业收入＋租金和利息收入＋公司利润＋企业间接税＋资本折旧

$$(3-24)$$

3. 支出法

支出法是指通过加总一年内所有最终产品和劳务的支出，得到当年新增产品和劳务的总价值。运用这种方法计算 GDP，总支出可分为以下四个部分：

（1）消费支出。消费支出是家庭支出的、购买最终产品和劳务的支出，包括各种耐用消费品（汽车、电脑等）和非耐用消费品（鞋子、服装等），但是其中并不包括建造和购买房宅的支出，这部分算作固定资产投资。消费支出在 GDP 中占的比重最大，一般能占到一半左右，宏观经济分析中通常用字母 C 来表示。

（2）投资支出。投资支出是由家庭或者企业支出的、增加新资本或者更换已有资本的支出。投资支出可以分为固定资产投资和存货投资。固定资产投资是指投资于长期存在并投入使用的资产，包括家庭建造和购买新的住所、企业购买新的机器设备等。存货投资主要包括原材料、再制品、未销售的产成品等。正是因为引入了存货投资的概念，把卖不出去的产品视为企业购买了自己的产品，才保证了总产出始终等于总支出。

宏观经济学里的投资概念不同于我们平时所说的投资，这里的投资指的是物质资本的增加，包括存货的增加；而我们平时所讲的投资还包括购买股票、债券等虚拟资本，这些只是资产的转移或资产形式的变化，不能引起经济中物质资本的增加，因而不能计入 GDP。

新增资本称为净投资，更换已有资本称为重置资本，两者合称为总投资，在计算 GDP 时，投资项目采用的就是总投资。一般来说，总投资都是正的数值，但是存货投资可以为正，也可以为负。宏观经济分析中通常用字母 I 表示投资支出。

我国的资本总额，尤其是固定资本总额，是稳步、快速增长的。固定资产在投入时是经济中的支出，是总需求的一部分，固定资产投资能够拉动总需求，促进经济增长；固定资产在建成后，便成为新的生产力，能够为社会生产更多的产品，增加总供给。

（3）政府购买支出。政府购买支出指的是政府部门支出的、购买各种产品和劳务的支出。这些产品和劳务可能由政府部门消费，如为公务人员购置办公用品；也可能是为社会公众提供服务，如国防建设、修建道路桥梁、创办公共学校等。这两类属于购买性支出，要计入 GDP。

除了购买性支出外，政府支出还包括转移支付。政府的转移支付主要指各种社会福利和救济支出，这部分支出是不计入 GDP 中的，因为转移支付并没有出现相应的新增产品和劳务，只是把一部分已有收入进行再分配。例如，政府向失业者发放救济金，不是因为他们提供了产品或劳务，而恰恰是因为他们没有工作。

宏观经济分析中通常用字母 G 表示政府的购买性支出。在我国的统计体系里，政府购买被称为政府消费，与私人消费一起并入最终消费。

（4）净出口。产品、劳务和资本的国际流动使世界各国的经济联系变得越来越紧密，并深刻地影响到一国的宏观经济运行。一般来讲，一国总要进口外国的一些产品和劳务，并同时向外国出口本国的一些产品和劳务。进出口往往是不平衡的，我们用净出口表示它们的差额，以 X 表示出口，M 表示进口，NX 表示净出口，则有 $NX = X - M$。净出口为正，表示外国对本国产品的净需求和净支出构成本国的净收入；净出口为负，表示本国对外国产品的净需求和净支出构成外国的净收入。

把以上四个项目加总，我们就得到一个非常重要的等式——国民收入核算恒等式：

$$Y = C + I + G + NX \tag{3-25}$$

其中，Y 代表从需求角度衡量的 GDP，即总支出。由于我们对各个变量做出相应的定义，这个等式是必然成立的，它刻画了总需求的各个组成部分，其中四个部分表示来自不同经济部门的需求，支出法就是将这四个部分的数值相加来核算 GDP 的。

第二节　经济周期与经济发展战略

一、经济周期分析

（一）经济周期的含义

经济周期是经济活动水平的一种波动（通常以国民收入来代表），它形成一种规律性模式，即先是经济活动的扩张，随后是收缩，接着是进一步扩张。这类周期随着产量的长期趋势进程而出现。经济周期的中心是国民收入的波动，由于这种波动而引起了失业率、物价水平、利率、对外贸易等活动的波动。所以，研究经济周期的关键是研究国民收入波动的规律与根源。经济周期是经济中不可避免的波动，虽然每次经济周期并不完全相同，但它们有共同点，即每个周期都是繁荣与萧条的交替。

（二）经济周期的基本理论

1. 非凯恩斯主义的经济周期论

经济学家并不满足于对经济周期现象的描述和对经济统计资料的整理，他们力图寻找引起经济周期的原因，建立起一套经济周期理论。自 19 世纪中期以来，已提出的经济周期理论有几十种之多。这里介绍凯恩斯主义形成之前的一些主要经济周期理论，又非凯恩斯主义经济周期论。

在凯恩斯主义出现之前的经济周期理论中，既有外生经济周期理论，又有内生经济周期理论。

（1）外生经济周期理论。外生经济周期理论认为，经济周期的根源在于经济之外的某些因素的变动。例如，创新理论认为是创新引起了经济周期性波动；太阳黑子理论认为是太阳黑子的变化影响了农业生产与整个经济而引起了经济周期性波动；非货币投资过度理论认为是新领土开拓、技术发明或人口增加等所引起的投资过度导致了经济的周期性波动；政治性周期理论则认为政府出于政治目的（如选举等），周期性地制止爬行的通货膨胀或用通货膨胀来消灭失业引起了经济周期。此外，还有用战争、革命、移民、偶然事件等来解释经济周期的。这种理论并不否认经济中内在因素（如投资等）的重要性，但它们强调引起这些因素变动的根本原因在经济体系之外，而且这些外生因素本身并不受经济因素的影响。

（2）内生经济周期理论。内生经济周期理论则在经济体系之内寻找经济周期自发运动的因素。这种理论并不否认外生因素对经济的冲击作用，但它强调经济中这种周期性的波动是经济体系内的因素引起的。因此，每一次繁荣都为下一次萧条创造了条件。这些经济体系内的因素自发地运动就引起了周期性波动。例如，货币理论认为，经济周期是由于银行货币与信用交替地扩大与紧缩所引起的，而这种货币与信用的运动，又是一个经济本身所形成的自发过程；货币投资过度理论认为，是过度的投资引起了繁荣与萧条的交替，而投资过度的根源又在于货币与信用的扩张；心理理论认为，人的乐观或悲观的预期是周期性波动的原因，而引起这种心理预期变动的则是经济因素；消费理论则把经济周期，特别是生产过剩性危机的发生，归因于由于收入分配不平等而造成的消费不足等。

2. 凯恩斯主义的经济周期论

凯恩斯主义经济周期论，即现代经济周期理论，它是宏观经济学的一个组成部分，用国民收入决定理论来解释经济周期。凯恩斯主义的宏观经济学有不同的流派，从而就有不同的经济周期理论。凯恩斯主义宏观经济学以国民收入决定理论为中心，所以，也就把经济周期理论作为国民收入决定理论的动态化。凯恩斯主义学派的经济周期理论有以下特征：

（1）国民收入水平取决于总需求，因而引起国民收入波动的主要原因仍在于总需求。以总需求分析为中心是凯恩斯主义经济周期理论的特征之一。

（2）在总需求中，消费占的比例相当大，但根据现代经济学家的理论与经验研究，消费在长期中是相当稳定的。消费中的短期变动，尤其是耐用品的消费变动，对经济周期也有影响，但并不是主要原因。政府支出是一种可以人为控制的因素，净出口所占的比例很小。这样，经济周期的原因就在于投资的变动。所以说，凯恩斯主义经济周期理论是以投资分析为中心的，要分析投资变动的原因及其对经济周期的影响。

凯恩斯主义的经济周期理论都是由凯恩斯关于国民收入决定的分析出发的，但分析的方法与角度不同，结论也不同。除了凯恩斯主义之外，货币主义与理性预期学派也提出了自己的经济周期理论。货币主义者强调了货币因素的作用，从货币量变动对经济的影响，解释了经济周期。理性预期学派则强调了预期失误是经济周期产生的原因。此外，激进政治经济学派、新自由主义者等都提出过经济周期理论。

这些经济周期理论之间尽管千差万别，但有两点是相同的：①强调了内生因素，即经济因素引起经济周期的关键作用。即使外生因素给经济带来冲击，这些外生因素也要通过内生因素才能起作用。从这种意义上说，现代经济周期理论是内生经济周期理论。②强调了在市场经济中经济周期存在的必然性。

3. 新凯恩斯主义宏观经济学

20 世纪 80 年代出现的新凯恩斯主义经济学，用商品价格黏性和劳动工资黏性代替了原凯恩斯主义的商品价格刚性和劳动工资刚性，又代替了新古典宏观经济学的商品价格弹性和劳动工资弹性，用原凯恩斯主义的非市场出清假设取代了新古典宏观经济学的市场出清假设，引入了传统的微观经济学的经济人最大化假设，吸纳了新古典宏观经济学的理性预期假设，并把上述这些与宏观层次上的产量和就业量问题结合起来，建立了一个有微观经济基础的新凯恩斯主义宏观经济学，以期解释宏观经济波动和失业的原因，并坚持国家的经济政策在影响产量和就业方面有积极作用。

新凯恩斯主义经济学认为，在社会经济运行中，总供给和总需求的冲击引起经济变化，这种变化被经济中摩擦与不完全性放大与扩展，结果出现了实际总产量和就业量的周期波动。对此沿着两条不同思路分析：①在名义工资和价格黏性的基础上论述经济周期；②从价格弹性的不稳定性角度分析经济周期。

二、经济发展战略分析

（一）经济发展理论与经济增长理论

经济发展理论与经济增长理论构成了西方经济学中研究经济成长问题的两个分支。经济增长理论以发达资本主义国家为研究对象，以国民生产总值的长期稳定增长为目标；经济发展理论则是以发展中国家为研究对象，以整个国民经济的现代化为目标。由于发展中国家一般都具有农业比重高、人口出生率高、失业率高、劳动生产率低以及出口增长率低、生活水平低的特点（或特征），因此，经济发展理论研究的范围要广泛得多，它不仅研究经济增长问题，而且还研究经济结构、经济体制、劳动力转移、资本积累、收入分配以及对外贸易等问题。

西方经济学家和一些发展中国家都主张仿照发达资本主义国家的模式，单纯追求国民生产总值的尽快增长。这些国家进行了大规模的工业投资，都实行了高积累和高举债的政策。但经过50多年的实践，发展中国家的经济不仅没有赶上发达国家，反而差距更加拉大了。他们虽然取得了一定的经济增长，但与此同时，又出现了农业萎缩、结构畸形、财政赤字、外债沉重、通货膨胀、生态环境恶化等一系列的困难和问题，形成所谓的"无发展的增长"。因此，实际情况日益明确地表明，发展中国家的问题不是一个单纯的经济增长问题，而是一个全面的社会进步、经济发展等综合问题。

为此，需要把经济发展与经济增长这两个概念区别开来。经济增长是指一国GDP或国民收入以及国民人均收入水平的持续提高或增加。这是一个侧重于数量的、内涵较狭窄的概念。经济发展则是指包括经济增长在内的整个经济总量和人均收入的增长，以及由此带来的经济体制、经济结构、社会结构、政治结构和收入分配等的合理成长或根本转变过程。它是一个既反映经济增长的数量又强调经济和社会进步质量的内涵较广的概念

经济增长是手段，经济发展是目的；经济增长是经济发展的物质基础，经济发展是经济增长的结果。一般来说，没有一定的经济增长不可能有经济发展，但是有经济增长并不一定有相应的经济发展。如果片面地追求经济增长，使社会付出沉重的代价，引发种种积重难返的矛盾和弊端，就会造成经济增长与经济发展的背离，即出现"无发展的增长"。

从现代化水平提高的角度来看，一般认为分析经济发展水平应当考虑以下方面的因素：

第一，人均国民收入的提高。

第二，经济结构的变化。其中，两个最为重要的变化是工业在国民生产总值中比重的上升和城市人口占全部人口百分比的上升。此外，人口的年龄结构、居民的消费结构等也会发生相应的变化。

第三，社会成员对经济发展进程的参与程度。经济发展理论强调，经济发展的根本目标是满足全体人民的基本需要并不断提高他们的福利水平。这个目标的达到必须是全体人民自主加入、参与到经济发展进程中所取得的结果或红利。参与经济发展进程，是指分享经济发展所带来的好处，并且参与形成这些好处的生产活动。如果经济增长仅仅使一小部

分人获利，则不能被视为经济发展。

（二）分析经济发展的基本理论

1. 经济发展与资本形成

（1）经济增长与资本形成。经济增长需要有自然资源、劳动力、资本等物质条件。对于发展中国家来说，自然资源是充裕的，劳动力是过剩的。因此，资本的多少和资本形成的快慢就成为经济增长的主要约束。

凯恩斯从发达资本主义国家的经济现实出发，提出了以增加投资弥补需要不足的缺口理论，其目的是消除短期的、周期的经济不稳定性。由于发展中国家经济中的主要问题不是需求不足而是生产不足，因而，发展经济学家一般认为凯恩斯理论是不适用于发展中国家的。但在 20 世纪 40 年代末期，英国的哈罗德和美国的多马，差不多在同一时期，根据凯恩斯收入决定论的思想，推演出一种理论，人们称为哈罗德-多马模式。

哈罗德-多马模式认为，为了维持未来一时期充分就业，必须以增加投资来提高有效需求；但是，在一个时期足以维持充分就业的有效需求，将不足以保证下一时期的充分就业，因为，前一时期由于投资而形成的生产能力，将在下一时期提供比前一时期较多的产出，从而为了维持下一时期的充分就业，就必须扩大投资以增加有效需求。这样，由于投资年复一年地扩大，产出年复一年地增加；反过来，要产出年复一年地增加，投资必须年复一年地扩大。由此可见，资本的不断形成是经济持续增长的决定因素。

（2）贫困恶性循环理论。20 世纪 50 年代初期，发展经济学家纳克斯系统地提出了发展中国家存在着一种贫困恶性循环的理论，以解释为什么低水平的人均产出的发展中国家的经济长期停滞不前。

该理论的中心思想是，认为资本的稀缺是阻碍经济增长和发展的关键因素。这表现为供给需求两个循环，一个反映供给方面：低收入带来低储蓄，低储蓄造成资本缺少，资本缺少导致生产率低下，低生产率必然是低收入，这样就完成了一个循环；另一个反映需求方面：低收入意味着购买力有限，购买力有限实为市场不旺，从而投资引诱不强，投资引诱不强造成投入生产的资本不多，资本量小，生产率必然低下，最终导致收入低下，这样，也完成了一个循环。

（3）全面投资"大推进"理论。这种理论要重视基础设施或称为社会分摊资本。发展中国家必须工业化。其基本思想既是唯工业化主义，又是唯资本主义。发展中国家只有全面地、大规模地投入资本，工业化才能迅速实现，停滞不前的经济才能有所发展，这是因为经济中存在着三种不可分性：①资本供给，特别是社会分摊资本供给的不可分性；②

储蓄的不可分性，储蓄不是随着收入的增长而不断地增长的，相反，它的增长是有阶段性的，每一阶段的经济发展规模必须大到足以保证收入的增长超过一定的限度，否则储蓄将不够充分，为发展经济而进行必要的投资将受到"储蓄缺口"的阻碍；③需求的不可分性。如果投资只集中于某一部门或某一行业，只有充分的国内市场或有保证的国外市场，这一部门或这一行业的产出才会有相应的需求。否则将无人购买，从而这笔投资将以失败告终。所以，为了形成广大的市场，多样的商品都有有效的需求，必须广泛地、大规模地在各个部门和各个行业同时进行必要的投资。

大推进论有两个好处：①大推进可以促成外在经济；②大推进的办法使经济能迅速增长，以改变发展中国家的落后状况，缩小同发达国家之间的差距。当然，大推进理论也受到不少发展经济学家的批评。

2. 经济发展与工业化

（1）工业化的必要性和重要性。从发展中国家的国情和所处的国际地位来看，唯有实现工业化才是发展中国家摆脱贫穷，实现经济发展的必由之路。对此观点有很多不同的看法，具体如下：

第一，根据发达国家走过的道路和经验来看，发展中国家要摆脱贫穷，必须走工业化的道路。

第二，从工农业之间关系来看，工业部门生产率高，部门之间有联系效应，工业生产存在外部经济效益，工业产品供求弹性大。相比之下农业缺乏上述优势，因而，农业相对不重要，应当优先发展工业。工业的发展反过来可以促进或帮助农业现代化。

第三，经济发展就意味着工业化，只有实现工业化，才能打破贫困恶性循环，吸收农村过剩劳动力，逐步提高人民收入和生活水平。

（2）经济发展与工业化关系。工业化是经济发展的主要内容和动力，但只有在工业化成果广泛地分配于人口之中，满足了广大人民的基本需求，改善了经济结构时，才能说工业化促进了经济发展，否则，只会形成有增长而无发展的局面。

（3）发展中国家工业化的进程。过去，一般认为发展中国家的工业化进程，在发展的初级阶段，粮食加工工业和纺织服装行业，是首先建立起来的工业；以后，随着国民收入水平的提高，对纺织服装以外的轻工业品的需求逐渐增加，一批新的轻工业开始出现，而且，生产这些产品的工业，相比粮食加工和纺织服装工业是较为资本密集和技术密集的工业。于是，在国民收入水平进一步提高后，居民的需求刺激了耐用消费品的生产，一批制造电视机、电冰箱和汽车的企业建立起来，工业结构进一步发生变化。最后，当国民收入出现巨大增长后，国内市场的绝对容量大大扩展，生产钢铁、玻璃之类中间产业，利用先进技术并有显著的规模经济效果的工业（如炼油工业），以及生产精密机械的工业，逐渐发展起来。

这就是发展中国家工业化过程的一般格局，但并不是说一切发展中国家都一定是按照这个格局决定其工业化过程。工业化过程的次序可以根据实际情况而打乱，其理由如下：

第一，在拥有大量矿藏的国家，可在低发展阶段就建立大规模的冶炼工业，但此时由于缺乏熟练工人和管理人才以及动员大量国内储蓄的能力，往往需要国外资本与技术的援助。

第二，某些耐用消费品（如家具）的生产是劳动密集型的，又以当地原材料为基础的，因此，在工业化早期也可以发展此类生产。

第三，如果一个国家采取以出口为主的发展战略，建立本地原材料加工工业以及装配工业，那么，在国内市场尚未具有较大规模之前，也可以先发展这两类工业。

第四，采取进口替代（用国内产品替代进口产品）发展战略的国家，可以用关税保护以及其他刺激办法变更工业化的顺序，提前建立尚未具有国际市场竞争力的较大规模的工业。

（4）发展中国家政府在工业化中的作用。发展中国家政府对早期工业化的发动和扶植，起着关键性的作用。

第一，要实行工业化，必须拥有一定的基础设施，如公路、铁路、港口的修建等等。而这些基础设施的建立，需要大量的投资，私人企业对此无力担负，这就不能不依靠政府的力量，政府对基础设施和公用事业的大量投资，必将大大提高对装备和建设材料与劳务的需求，从而为各地区工业发展提供良好的机会。

第二，除了提供基础设施外，政府要为经济发展制订全面计划。由于基础设施和一般工业企业的建立，不仅需要大量本国投资，而且也需要一定数量的外汇，而各种企业之间又有高度的互相依存关系，这就要求政府制订全面的、详细的中期发展计划。制订这种计划时，必然从财政政策、货币政策、外贸政策、外汇政策等方面做出综合研究，从而有利于决定协调的发展战略。国家投资计划的制订，还有助于对工程项目进行比较正确的选择和鉴定，并预见可能出现的问题而及早采取对策。

第三，发展中国家的政府，在工业化过程中，在财源的引导和技术培养两个方面，发挥必不可少的作用。国家可以采取直接贷款或参加股权的方式给工业企业筹措资金，还可以创办工业发展银行以积聚和疏导国内的储蓄。工业发展银行可以为工业提供中期和长期的资金融通，还可以提供技术服务和传播鉴定投资效益的专门技术。在一些发展中国家，这种工业发展银行已对工业化做出了贡献，被认为是工业发展不可缺少的金融机构。发展中国家政府还积极地监督跨国公司的活动，对资本流动、劳动训练和技术转让各个方面做出必要规定。国家可以创办许多专门机构培养本国的工业管理人员和技术人员等。

3. 经济发展与资源配置

（1）资源配置的优先次序。发展中国家工业化的重要性和农业的作用无可否认，但在工业部门和农业部门的发展次序上，许多发展经济学家都曾认为，应首先发展工业部门。其理由包括：①发达国家都是工业化的国家，从不发达到发达，首先要工业化；②工业的劳动边际生产率，远比农业劳动边际生产率高，把劳动者从农业转移到工业，就会增加国民产出；③工业化具有外部经济效果，农业则不然，而且工业化意味着城市化，城市社会是动态的，乡村社会则是静止的；④农业的发展必须得到来自工业的投入，如化肥和农业机械，农业要取得进步，必须首进工业化。

（2）有关资源配置的论点。第一，发展极论。经济增长不是在每个地方以同样速度增加的，相反，在不同时期，增长的势头往往集中在某些主导部门和有创新力的行业，而这些部门和行业一般聚集在某些地区。因此，国民经济增长在不同时期往往集中在不同的地区。又由于主导部门和有创新力的行业聚集的地区常常是大城市中心，这些中心就成为发展极。发展极在它所影响的地区发挥着扩展效应的作用，对促进整个国民经济的发展，起着很重要的作用。因此，如果一个不发达国家和地区缺少发展极，那就应该创建发展极。发展极分两类，一类叫吸引中心，另一类叫扩散中心。吸引中心的作用是把边沿地区的居民吸引到发展极来，减少边沿地区的人口压力，使农户的耕地面积扩大并改进生产技术，从而可以提高边沿地区的人均福利水平。扩散中心投资的结果，将促使边沿地区的人口密度加大，从而其经济发展的格局有所不同。

第二，收入和就业量的极大化。新技术也许是更富于生产力的，但是，新技术往往取代劳动，从而减少就业机会。一国的资本和资源总是有限的，究竟是把有限的资源和高生产率、资本密集、节省劳动从而能够提高就业者收入的技术结合起来，还是和低生产率、劳动密集、资本节约的技术结合起来，在二者之间，需要做出选择。对发展中国家来说，理想的工业技术应当有比较广泛的实用范围，它最好是少用资本，多用劳动，而又同时取得较高的劳动生产率和资本生产率。对于人口众多的发展中国家，不能在增加收入和增加就业两个目标上趋于极端，收入水平必须逐步提高，就业水平也必须逐步上升，因此，就这些国家而言，不存在收入和就业量极大化两个原则的对立。

第三节 宏观经济政策与开放经济调节

一、宏观经济政策

市场机制作为看不见的手可以自发地调节经济，促进资源的优化配置，但不能完全实现人们预期的目标，甚至会出现市场失灵等问题。因此，政府不得不采取干预措施来克服市场经济固有的缺陷和弊端，这些干预措施就是宏观经济政策的制定和运用。

（一）宏观经济政策的主要目标

任何一项经济政策都是为了达到一定的经济目标而制定的。按照西方经济学的理论，宏观经济政策要求达到的主要目标是国民经济的持续稳定增长，具体有以下方面：

1. 实现充分就业

充分就业是指在现有的激励条件下，所有人都有机会以自己愿意的报酬参加生产劳动，即全社会的劳动力资源被充分利用的状态。通常以失业率的高低作为衡量充分就业与否的尺度。经济社会处于充分就业状态并不意味着失业率为零。实现充分就业，就是把失业率保持在自然失业率的水平上（允许自愿失业和摩擦性失业的存在），让自然失业以外的所有人都能找到工作，实现就业的最大化。自然失业率要在社会允许的范围内存在，即能为社会所接受。一般认为，4%～6%的失业率是正常的。

2. 实现物价稳定

物价稳定成为宏观经济政策的目标，主要是由于价格波动过大会对经济产生不良影响，而且过高的通货膨胀对社会经济生活的危害是极其严重的。物价稳定指价格总水平的稳定，即大多数商品和劳务的价格不出现过大的变动。它既不是指单个商品价格的稳定，也不是指所有价格固定不变，而是指价格总水平不出现剧烈的、大幅的、持续的变动。一般来说，经济要增长，没有一点通货膨胀是很困难的，西方国家的通货膨胀已经无法完全消除。因此，价格基本稳定和价格总水平的温和上涨可以并存，维持低而稳定的通货膨胀率，并控制在社会所接受的程度内，对经济增长不会产生不利影响和破坏作用。

3. 实现经济增长

经济增长是指一定时期内人均产量和人均收入的持续增长，通常用实际国内生产总值的增长率来衡量。国民经济要保持一个适度的增长率十分重要，因为增长率过低就会导致严重的失业问题，而过高的增长率很可能造成通货膨胀、经济结构失衡，对经济发展带来不利影响。因此，如何维持一个适度的增长率，以实现充分就业和维持物价稳定是一个重要的宏观经济课题。实践表明，经济的稳定增长比经济波动大，可以产生更好的社会经济效益。

（二）宏观经济政策的协调

宏观经济政策的协调一定要相机抉择。相机抉择是指政府在运用宏观经济政策调节经济时，根据经济形势的客观要求和政策措施的特点，机动地决定和选择在某个时期采用哪一种或哪几种政策措施。财政政策与货币政策以及其他政策都有自己的特点，政府在进行抉择时要注意以下内容：

1. 不同的经济形势要采取不同的政策

在经济严重衰退时，要运用较猛烈的政策，如紧急增加政府支出；当经济出现衰退苗头时，要采用一些作用缓慢的政策，如在金融市场上收购债券等。只有采取针对性强的政策措施，才能取得较好的宏观经济效果。

2. 把握住各项经济政策的特点

不同的经济政策有不同的特点，具体如下：

（1）经济政策发挥作用的程度不同。如政府支出的增加与法定准备金率的调整都比较猛烈；税收政策与公开市场业务的作用都比较缓和。

（2）经济政策效应的"时滞"不同。如货币政策可以由中央银行决定，作用快一些；财政政策从提案到议会讨论、通过，要经过一段较长时间，作用缓慢。

（3）经济政策影响的范围不同。如政府支出政策的影响面就大一些；公开市场业务的影响面则小一些。

（4）经济政策阻力的大小不同。如增税与减少政府支出的阻力较大，而货币政策一般来说遇到的阻力较小。

3. 不同政策的协调应用

政府选择宏观经济政策是逆经济方向的，即经济萧条时，政府采取扩张性政策；经济膨胀时，政府采用紧缩性政策。根据经济形势和具体情况的需要，政府和中央银行可以采取不同的政策组合。财政政策和货币政策的搭配方式不同，产生的政策效果不同，适用的经济环境也不同。

二、开放经济调节

（一）经济开放程度和决定开放的因素

第一，开放经济。开放经济就是指参与国际经济活动的经济。由于国际经济活动中，最重要的是国际贸易，因此开放经济也可以说是参与国际贸易的一种经济。

第二，经济开放程度的衡量。当前，虽然大多数国家的经济是开放经济，但各国的开放程度却并不相同。衡量一个国家开放程度的标准，是进口占 GDP 或国民生产总值（GNP）的比例。此外，还可以用外资流入与国内投资总额的比例，非贸易外汇收入与国内零售总额的比例等指标来衡量一国的经济开放程度。

第三，决定开放程度的因素。决定一国开放程度的因素很多，其中主要包括：①自然资源的禀赋状况，一般来说，自然资源丰富的国家，经济开放程度较低，而自然资源匮乏的国家，经济开放程度往往较高；②经济的发达程度，一般来讲，发达国家开放程度较高，而不发达国家的开放程度较低；③经济结构上的差异，一般地说，经济结构层次越高，其开放程度也越高；④历史传统和制度因素；⑤政府的经济政策。这些因素共同作用，决定了一国开放程度的高低。

（二）国民收入在开放经济中的调节

1. 各国经济的相互依赖性

在开放经济中，各国经济通过国际贸易和国际金融联为一体，这就是全球经济一体化。在开放经济中，各国国内生产总值的决定与变动是相互影响的。一国国内总需求与国内生产总值的增加会通过进口的增加而影响对国外产品的需求，从而使与之有贸易关系的国家的国内生产总值也增加。这种一国总需求与国内生产总值增加对别国的影响，称为溢出效应。反过来，别国由于溢出效应所引起的国内生产总值增加，又会通过进口的增加使最初引起溢出效应的国家的国内生产总值再增加，这种影响被称为回波效应。这两种效应概括了各国间国内生产总值变动的相互影响。

总之，通过溢出效应与回波效应，国际贸易就把各种经济紧紧联系在一起，既可以由一国的繁荣带动其他国家的繁荣，也可以由一国的萧条引起其他国家的萧条。

2. 最优政策的原则

开放经济中内在均衡与外在均衡的种种复杂情况，要求政府的决策者们进行政策选择并实行最优的政策配合。而要进行最优政策选择，就必须遵循以下原则：

（1）应注意各种政策对内与对外的不同影响。从总体上来讲，货币政策的对外影响通常要大于其对内的影响。例如，货币供给量的增加通过利息率下降而对国内总需求的刺激作用，通常比降低利息率对资本流入的影响要小一些。而财政政策对内的影响通常要大于其对外的影响。例如，增加政府支出引起国民收入增加的作用要大于增加进口的作用。

（2）应明确某一时期或某一经济状况下政策所要解决的主要问题。假如现时期一国经济正处于国内经济衰退与国际收支盈余的状况，那么政策主要解决的问题就应当是解决国内经济衰退问题，政策的重点就应放在刺激国内经济上。

（3）应注意各种政策的协调配合。每种政策都有自己的利弊，将各种政策协调配合使用，可以以一种政策的积极作用去抵消另一种政策的消极方面的作用。

最优政策的配合与协调运用是一个复杂的系统工程，在实施中不仅要考虑到国内国外的经济状况，既定的政策、政策目标以及政策效应等问题，而且要考虑到各种复杂的政治因素、有关国家的历史传统、国际关系等。因此，对决策者来说，这是一个相当重要且非常复杂的难题。

最优政策配合是一个很复杂的问题，不但要考虑到国内国外的经济状况、政策目标、政策效应等问题，还要考虑到各种复杂的政治因素、国际关系、国家的历史传统等问题。例如，在通过增加进口来消除国际收支盈余时，应考虑到本国的边际进口倾向有多大。边际进口倾向是由许多经济与非经济因素决定的，在一定时期内有相对稳定性。如果一国由于历史原因边际进口倾向较低，那么，增加进口消除国际收支盈余的作用就有限。

此外，在通过扩张性货币政策降低利率，以吸引资本流入，消除国际收支赤字时，还要考虑资本流动对本国利率变动的反应程度，这种反应程度在相当程度上取决于一国的政局是否稳定，投资环境与政策是否足以吸引外资，等等。在通过出口来增加国内生产总值，消除国际收支赤字时，应考虑到国际经济形势及世界市场对本国出口产品的需求弹性。如果国际经济处于衰退时期，而且本国出口产品在世界市场上的需求弹性低，那么，这一政策就很难奏效。

3. 对外经济政策

（1）对外贸易政策。对外外贸政策可分为两类：自由贸易政策与保护贸易政策。

实行自由贸易可以形成有利的国际分工，促进生产的专业化，提高劳动生产率，使资源在全球范围内得到最优配置，并在长期内提高各国的生活水平，使全球经济福利达到最大化。尽管自由贸易的作用广为人知，尽管各国都能从自由贸易中受益，但由于全球经济福利最大化并不一定是各国自身经济福利的最大化，因此，自由贸易往往受到限制。各国在不同的时期，都实行了不同程度的贸易保护。

实行保护贸易政策旨在借助国家权力保护国内市场，以减轻或消除本国遭受外国商品竞争的损害。实行保护贸易，有利于保护民族工业，促进国内经济增长，实现充分就业，有利于改善国际收支状况。保护贸易的政策工具主要有：关税壁垒和非关税壁垒。

（2）汇率政策。汇率不仅会影响对外贸易与国际收支，而且也会影响国内经济。因此，在对外经济政策中，汇率政策有着十分重要的作用。汇率政策的主要内容有以下方面：

第一，贬值政策。在固定汇率制下，使本国货币贬值可以提高进口品的相对价格，降低出口品的相对价值，从而可以增加出口，减少进口。贬值政策既有利于增加国内就业，减少失业，又有利于减少国际收支赤字。但不少经济学家认为，贬值对经济的影响并没有这么简单，它对经济的影响是先不利而后有利。

第二，汇率管制政策。在浮动汇率制下，政府要运用买卖外汇的办法对汇率进行干预，避免汇率的大幅度波动，以保持经济稳定。

（3）国际经济关系的协调。各种对外经济政策从实质上讲都是损人利己的，这就必然会影响各国之间的关系，甚至引起冲突。而各国之间经济的相互依赖性，决定了各国只有在共同繁荣中才能得到进一步发展，因此，这就需要各国政府根据形势的变化来调整自己跟各国之间的经济关系。从世界范围来看，对各种经济关系的调整或协调的途径主要包括：①通过国际经济（如世界贸易组织、国际货币基金组织）来协调；②通过双边或多边贸易谈判来协调；③通过建立地区性经济一体化组织来协调本地区的经济关系，加强本地区的发展等。

第四章 管理学原理

第一节 管理与管理者

当代社会是由各类组织构成的社会。管理是一切组织中存在的一种普遍行为，由于其在实践中的重要性，越来越受到人们的关注与重视。学习并掌握管理知识是社会的需要，也是每个人个人发展的需要。

在人类历史上，自从有了组织的活动，就有了管理活动。管理是人类各项活动中最重要的活动之一，广泛存在于现实的社会生活中，无论是国家、军队还是企业、学校等，凡是由两个人以上组成的，有一定活动目的的集体都离不开管理。

一、管理的基本职能

管理的职能被划分为五种：计划、组织、人员配备、指导和控制。学术界通常把管理的职能概括为计划、组织、领导和控制四种职能，认为这是一切管理活动最基本的职能。

（一）计划职能

计划职能是管理的首要职能，是决策性职能。决策是组织在未来众多的行动可能中选择一个比较合理的方案。计划是决策的逻辑延续。计划，是指制定目标并确定为达成这些目标所必需的行动。

（二）组织职能

组织是指对企业所拥有的各种资源进行配置和协调，把人员按一定的结构进行组织，使他们能够按照一定的程序运作，互相之间有明确的信息渠道，通过这一切来保证组织目标的实现。组织工作包括分工、构建部门、确定层次等级和协调等活动，其任务是构建一种工作关系网络，使组织成员在这样的网络下更有效地开展工作。最重要的是，管理者必须根据组织的战略目标和经营目标来设计组织结构、配备人员和整合组织力量，以提高组织的应变能力。组织是管理的执行性职能。

（三）领导职能

领导，是指利用组织赋予的权力和自身的能力去指挥与影响下属为实现组织目标而努力工作的管理活动过程。领导工作就是管理者利用职权和威信产生影响，指导和激励其下属人员去实现目标的过程。为了使领导工作卓有成效，管理者必须了解个人和组织行为的动态特征、激励员工以及与其进行有效的沟通。只有通过卓有成效的领导工作，组织目标才有可能实现。

（四）控制职能

控制，是指按照组织的计划标准，对组织的各项活动进行检查，发现或预见计划执行过程中出现的偏差，及时采取措施予以纠正。广义的控制还包括根据组织内外环境的变化，对计划目标和控制标准进行修改或重新制定。也就是说，控制是监督组织各方面的活动，保证组织的实际运行状况与组织计划要求保持动态适应的一项管理职能。控制工作的主要内容包括确定标准、衡量绩效和纠正偏差。控制不仅需要选择合适的控制环节，还要确定恰当的控制程度，收集及时有效的信息，而且要求合理运用各种控制手段。

二、管理者

（一）管理者的含义

管理者被定义为"对资源的使用进行分配和监督的人员"和"指挥别人活动的人"。

组织成员一般可分为两类：一类是直接从事组织业务活动的作业人员，一类是从事管理活动的管理人员。这些承担管理工作、履行管理职能的人员就是管理者。当然，作业人员与管理人员的划分只是相对的，不是绝对的。有些管理者也做一些事务性的非管理工作。如学校校长也可能承担授课和指导学生论文的任务，医院院长也可能承担给患者会诊、做手术等任务。

管理者的工作不是取得个人成就，而是帮助他人完成工作任务。管理者的工作可能意味着协调一个部门的工作，也可能意味着监管某个员工，还可能是协调一个工作团队的活动。

在当今许多组织中，不断变化的工作性质模糊了管理者与非管理者之间的界限。如在以团队形式开展活动的组织中，管理者和团队成员共同承担管理职责。团队成员通过岗位轮换，可以成为团队领导者或成为某一专业活动的管理者。

（二）管理者的类型

在具有传统"金字塔"结构的组织中，管理者可以分为高层管理者、中层管理者和基层管理者。高层管理者对整个组织资源配置起决定性作用；中层管理者的职责是贯彻高层管理机构的决策，落实任务，指导、监督和协调基层组织的活动；基层管理者又称一线管理者，主要负责协调和处理基层日常事务。

依照从事管理工作的领域宽度及专业性质，管理者可划分为综合管理者和专业管理者。综合管理者是指负责管理整个组织或组织中某个事业部的全部活动的管理者。例如，一个工厂的厂长，多元化公司事业部或子公司的经理。专业管理者是指仅承担管理的某一类专业职能的管理者。例如，公司生产、营销、人力资源、财务以及研发部门的管理者。

（三）管理者影响人行为的手段

如果说管理的本质是规范和协调人的行为，那么管理者影响人的行为的手段无非两类：一类与权力有关；另一类与组织文化有关。管理者既需要运用权力直接规范被管理者在组织中必须表现的行为，并对其进行追踪和控制，也需要借助组织文化引导组织成员在参与组织活动过程中不同时空的行为选择。

第一，权力。权力本是政治学研究的一个基本概念，它描述的是组织中的相关个体在一定时期内相对稳定的一种关系。把权力的实质理解为命令与服从，则权力关系是单向的；把权力的实质理解为影响力，则权力关系必然是双向的；不完全平等的权力地位是权力关系的基本特征。权力关系中相对权力地位或相对影响力不一样的原因是行为主体拥有的权力资源不同：专门知识或技能、经验和能力、个人品质、奖励或惩罚他人的可能性。

第二，组织文化。组织文化的核心是组织成员普遍认同、共同接受的价值观念以及由这种价值观念所决定的行为准则。组织文化一旦形成，对组织成员的行为影响就会是持续的、普遍的，而且是低成本的。作为一种低成本的管理工具，文化发挥的作用是无意识的。

第二节　决策与计划

一、决策及其理论

管理的核心是决策，制定决策并承担相应的责任是管理人员工作的基本内容。管理是科学与艺术的融合，决策则是这种融合的最佳体现。有些决策是人们依据经验做出的，而更多的决策则是管理者在运用科学的决策技术和方法的基础上研究制定的。

（一）决策的含义

决策的定义，即"决策是管理者识别并解决问题以及利用机会的过程"。对于这一定义，可做如下理解：

第一，决策的主体是管理者（既可以是单个的管理者，又可以是多个管理者组成的集体或小组）。

第二，决策的本质是一个过程。

第三，决策的目的是解决问题或利用机会，这就是说，决策不仅仅是为了解决问题，有时也是为了利用机会。

（二）关于决策的理论

1. 古典决策理论

古典决策理论假设中，作为决策者的管理者是完全理性的，决策环境条件的稳定与否是可以被改变的，决策者在充分了解有关信息的情况下，完全可以做出完成组织目标的最佳决策。其主要观点是：①决策者必须全面掌握有关决策环境的信息；②决策者要充分了解有关备选方案的情况；③决策者应建立一个合理的自上而下的执行命令的组织体系；④决策者进行决策的目的始终都是使本组织获取最大的经济利益。

2. 行为决策理论

行为决策理论研究认为，影响决策者决策的不仅有经济因素，还有其个人的行为表现，如态度、情感、经验和动机等。其主要观点有以下内容：

（1）人的理性介于完全理性和非理性之间，即人是有限理性的，这是因为在高度不确定和极其复杂的现实决策环境中，人的知识、想象力和计算力是有限的。

（2）决策者在识别和发现问题时容易受直觉上偏差的影响，而在对未来的状况做出判断时，直觉的运用往往多于逻辑分析方法的运用。直觉上的偏差，是指由于认知能力有限，决策者仅把问题的部分信息当作认知对象。

（3）由于受决策时间和可利用资源的限制，决策者即使充分了解和掌握了有关决策环境的信息，也只能做到尽量了解各种备选方案的情况，而不可能做到全部了解，决策者选择的理性是相对的。

（4）在风险型决策中，与经济利益的考虑相比，决策者对待风险的态度起着更为重要的作用。

（5）决策者在决策中往往只求满意的结果，而不愿费力寻求最佳方案。

3. 非理性决策

非理性决策有以下这些模型：

（1）渐进决策模型。渐进决策是指在以往的政策、惯例的基础上制定新政策，新政策是对过去政策的延伸和发展，只对过去的政策做局部的调整与修改。它的内涵包括：要求决策者必须保留对以往政策的承诺；决策者不必过多地分析与评估新的备选方案；决策者着意于政策目标和备选方案之间的相互调适，以使问题较易处理，而并不关心政策制定基础的变化；这种决策只能是一种保守的补救措施。它的特点是稳妥可靠，渐进发展。

（2）政治协调决策模型。该决策模型的实质是把公共政策看成利益集团斗争的产物。它是决策者制定政策时，广泛地通过对话、协商、讨论，协调利益关系，在达成妥协、谅解的基础上进行决策。它认为，公共政策就是各利益集团对政府机构施加压力和影响并在相互竞争中实现平衡的结果。这一模型的缺点是，过分夸大了利益集团的重要性，认为政府甚至立法和司法机关在政策制定过程中都完全处于被动的地位。

（3）领导集体决策模型。该决策模型认为，政策选择是建立在领导者优秀的素质和管理经验基础上的，由领导者或领导集体依据自己的应变能力和判断力进行决策。其优点是决策迅速，但决策的质量同领导者个人的素质、经验密切相关，是决策是否成功的决定性因素。但由于政策问题的复杂性，决策者在进行决策时还要依靠各种政策研究机构和专家的支持。类似地，还有"精英决策模型"，即忽略公众对社会发展的影响，而把公共政策看成精英们的价值和偏好的反映，认为是他们决定了政策。

（4）当代决策理论。当代决策理论的核心内容是：决策贯穿于整个管理过程，决策程序就是整个管理过程。整个决策过程从研究组织的内外环境开始，继而确定组织目标，设计可达到该目标的各种可行方案，比较和评估这些方案，进而进行方案选择（即做出择优决策），最后实施决策方案，并进行追踪检查和控制，以确保预定目标的实现。对当今的决策者来说，在决策过程中应广泛采用现代化的手段和规范化的程序，应以系统理论、运筹学和电子计算机为工具，并辅之以行为科学的有关理论。

二、计划编制与实施方法

决策与计划工作往往相互渗透、紧密联系并交织在一起。决策为计划的任务安排提供了依据，计划则为决策所选择的活动和活动方案的落实提供了实施保证。计划工作中的目标确定、任务分配、时间安排、资源配置、行动方案选择等都是不同层次的决策工作。其中，目标的确定是最高层次的决策，而其他的则是常规性的决策。

（一）计划的定义及其作用

计划是指用文字和指标等形式所表述的，组织以及组织内不同部门和不同成员在未来一定时期内行动方向、内容和方式安排的管理文件。计划既是决策所确定的组织在未来一定时期内的行动目标和方式在时间和空间上的进一步展开，又是组织、领导、控制和创新等管理活动的基础。从动词意义上说，计划是指为了实现决策所确定的目标，预先进行的行动安排。这项行动安排包括：在时间和空间两个维度上进一步分解任务和目标，选择任务和目标的实现方式，进度规定，行动结果的检查与控制等。

经过科学而周密的分析研究制订出的计划主要作用包括：计划是管理者进行指挥的抓手；计划是管理者实施控制的标准；计划是降低未来不确定性的手段；计划是提高效率与效益的工具；计划是激励人员士气的依据。

（二）计划编制的基本方法

1. 滚动计划法

滚动计划法根据计划的执行情况和环境变化定期修订未来的计划，并逐期向前推移，使短期计划、中期计划有机地结合起来。滚动计划方法大大加强了计划的弹性，这在环境剧烈变化的时代尤为重要，它可以提高组织的应变能力。

2. 计划评审技术

计划评审技术是在网络理论的基础上发展起来的计划控制方法，也称网络计划技术。其原理是把一项工作或项目分成各种作业，然后根据作业顺序进行排列，通过网络图对整个工作或项目进行统筹规划和控制，以便用最少的人力、物力、财力资源，用最快的速度完成工作。

3. 项目计划技术

项目计划是对项目的目标及活动予以统筹，以便能在固定的时间内以最低的成本获取项目预期成果。其工作过程如下：

（1）项目的界定。围绕项目的最终成果界定项目的总体目标。

（2）行动分解。对项目进行更加周密的筹划，对项目做进一步的分解，并进一步分析每项行动的时间、所需要的资源和费用预算等，即明确每项行动何时做、由谁来做、如何做以及花费多少等问题。

（3）行动统筹。分析、识别众多具体行动之间的内在联系，合理地筹划，进而将众多的行动重新整合起来。

第三节 组织与组织工作

一、组织设计

从管理职能的角度把组织定义为：安排和设计工作任务以实现组织目标的过程。管理者在这个过程中可以设计组织的结构。组织结构是一个组织内正式的工作安排，这个结构可以直观地展示在一份组织结构图中。当管理者创建或改变组织结构时，他们就是在进行组织设计。

组织结构设计是组织设计的基础性工作，既是对组织整体目标的分解，也是对组织框架的整体安排。一个完整的组织结构设计至少包括职位（职能）设计、部门设计和层级设计三方面内容。

（一）职位的设计

职位设计，是对组织完成目标所需要的职位、职务的整体安排。组织为了完成目标，需要将总体目标进行层层分解，明确完成任务需要哪些活动，确定所需职位、职务的类别和数量，分析各类职位、职务所需要的任职资格及各职位管理人员需要具备的条件、应该拥有的权限、所应承担的责任等。

组织的职位是组织任务最终落实和实现的具体组织依托，也是组织的基本构成单位。职位设计涉及许多员工的工作任务和责任，必须遵循一定的原则，运用一些方法，保证组织职位设计的科学性和合理性。职位设计应关注：工作专业化与简单化，工作扩大化及工作丰富化，信息沟通与反馈（绩效反馈），人的特性，工作是由个人还是由团体来担当等。

（二）部门的设计

组织设计任务的实质是按照劳动分工的原则将组织中的活动专业化，而劳动分工又要求组织活动保持高度的协调一致性。协调的有效方法就是组织的部门化，即根据每个职务人员所从事的工作性质以及职务间的区别和联系，按照组织职能相似、活动相似或关系紧密的原则，将各个职务人员聚集在"部门"这一基本管理单位内。组织的部门设计，一般是指对组织的特定层次上的横向结构的划分。由于组织构成包括不同的层次，所以组织的部门设计实际上包含着对组织各个层次部门的设计。

组织部门划分可归纳为这些形式：职能部门化、产品或服务的部门化、地域部门化、顾客部门化、流程部门化等。由于组织活动的特点、环境和条件不同，划分部门所依据的标准也不同。20 世纪 90 年代划分部门有两个趋势：①以顾客为基础进行部门化划分越来越受欢迎，为了更好地了解消费者的需求，并有效地对消费者的需求做出反应，许多组织强调以顾客为基础划分部门；②跨越传统部门界限的工作团队越来越多，大有取代传统的职能性部门的趋势。

总之，部门的划分解决了因管理幅度的限制而有碍组织规模扩大的问题，同时把业务工作安排到各个部门中去，有利于组织目标的实现。但是业务工作的划分不可避免地带来部门间的分割、矛盾和不协调所带来的问题，因此在划分部门的同时，必须考虑到这种分割、矛盾和不协调所带来的消极影响。这就需要进行部门关系分析。部门关系分析主要包括以下三个方面：

第一，对工作性质、业务内容和活动方式相同或相似的部门进行必要的合并，以保证组织机构的精简有效，降低成本。

第二，对相互严重冲突或矛盾的部门进行整改或合并，以减少组织运行中的阻力。

第三，对不同部门的任务、作用和活动之间的关系进行逻辑分析，以确定组织各部门之间的理性关系，明确组织运行的正常程序。

（三）层级的设计

组织的层级设计，是指组织在纵向结构设计中需要确定层级数目和有效的管理幅度。层级设计必须根据组织内外能够获取的现有人力资源情况，对初步设计的职能和职务进行调整与平衡，同时要根据每项工作的性质和内容确定管理层级并规定相应的职责、权限，通过规范化的制度安排使各个职能部门和各项职务形成一个严密、有序的活动网络。

第一，组织层级与管理幅度的关系。由于组织任务存在递减性，从最高层的直接主管到基层工作人员之间就形成了一定的层次，这种层次被称为组织层级。组织层级受到组织规模和管理幅度的影响，它与组织规模成正比，组织规模越大，包括的人员越多，组织工作也越复杂，则层级也就越多。

第二，管理幅度的有效性。有效的管理幅度受到诸多因素的影响，主要影响因素有：管理者和被管理者的工作能力、工作内容、工作条件与工作环境等。现代管理理论和实践的发展趋势是拓宽管理幅度。理由是，在其他条件相同时，管理幅度越宽，组织的效率越高。这一点已被许多企业的管理实践所证实。许多企业为了在拓宽管理幅度时仍能保证对组织成员的有效控制，加强了员工培训的力度和投入，让员工掌握更多的工作技能，以解决管理幅度拓宽所带来的问题。

第三，高耸与扁平的组织结构。按层次的多少和幅度的大小，可分为高耸的组织结构和扁平的组织结构。这两种组织结构各有利弊。高耸的组织结构管理层次较多，管理幅度较小，沟通渠道多。其优点是管理严密，分工明确，上下级容易协调。其缺点是管理层次多，沟通时间长，成本高，并且由于管理严密，容易影响下属人员的满意度和创造感。扁平的组织结构管理层次少，但管理幅度与高耸的组织结构相比较大，沟通渠道少。其优点是由于管理层次少而管理成本低，信息沟通快，成员有较大的自主性而满意度较大。其缺点是不能严密监督下级的工作，上下级协调较差。在管理层次的设计中，两种组织结构都有利有弊，因此，要兼顾两种组织结构，取其所长，避其所短，设计适当的管理幅度和管理层次，使组织结构发挥出应有的作用。

二、组织工作

（一）组织权力的合理分配

1. 职权关系

职权是组织的一个重要概念，传统的观点是指管理职位所固有的发布命令和希望命令得到执行的一种权力。在组织内，职权关系是信息沟通和有效控制的基础与前提。通过职权关系，组织能够实现信息的自上而下和自下而上双向沟通，管理者通过职权关系掌握信息，对管理活动和管理中的人实施有效控制，做出合理的决策。

组织内的职权有三种类型：直线职权、参谋职权和职能职权。处理好这三者的关系，是组织结构有效运行的关键之一。直线职权，是指直线管理人员所拥有的发布命令、做出决策及执行决策的权力，通常人们称之为决策指挥权；参谋职权，是指管理人员所拥有的提出咨询、建议或提供服务与便利，协助直线机构和人员进行工作的权力；职能职权，是指参谋人员或某部门的主管人员被授予的原属直线主管的那部分权力。

2. 集权与分权

集权意味着组织权力集中到较高层次的管理者手中；分权则意味着组织权力分散到基层管理者手中。集权与分权不是绝对的概念，世界上不存在绝对集权和分权的组织。换言之，组织的集权与分权是相对的，只有程度的不同。但是，需要注意的是集权和分权的不同程度对组织结构的有效运转存在着较大的影响。

组织集权与分权的实质是高层管理者和中下层管理者对决策权力的分配过程，在分权的基础上，组织还需要把权力授予组织的各层次、各部门或各职位，这就是授权。

3. 授权

授权就是管理者授予下属一定的权力，使下属完成工作任务的过程。也就是说，授权是管理者将决策的权力从高一级层次移至低一级层次，由管理者的下属自己做出决策。授权者对于被授权者有指挥和监督之权，被授权者对授权者负有报告及完成任务的责任。授权是一个过程，这个过程包括确定预期的成果、分派任务、授予权力、明确责任四方面内容。授权不同于分权。授权是某个管理者将自己的职务权力因某项具体工作的需要而委任给某个下属，是事务性权力下放，上下级之间只是暂时的权责授予关系；而分权则是制度性权力下放，这种权力根据组织的规定可以较长时间地留在中、下级主管人员手中。

（二）组织结构的类型

组织结构是随着生产力和社会及企业的发展而不断发展的。传统组织结构有以下类型，它们有自己的特点及适用范围：

1. 直线制组织结构

直线制组织结构又称简单结构，是最早使用也是最为简单的一种结构，是一种集权式的组织结构形式，因此也称为军队式结构。其特点是组织中从最高层领导到基层人员，各种职位按自上而下垂直系统直线排列，各级执行统一指挥和管理，在内部不设专门的职能部门或参谋部门。

直线制组织结构的优点有：组织关系简单，便于统一指挥；组织中成员的目标明确，责权明晰，易于评价业绩；组织灵活，易于适应环境的变化，信息沟通方便；管理成本低等。

直线制组织结构的主要缺点有：缺乏横向的协调关系；随着组织规模的扩大，高层管理人员的管理幅度过大，易出现决策失误；权力过分集中，易造成滥用职权，另外若掌权者突然离去将会给组织造成重大打击等。

直线制组织结构主要适用于组织规模不大、雇员人数较少、生产和管理工作比较简单的组织。

2. 职能制组织结构

职能制组织结构是以工作方法和技能作为部门划分依据的。

职能制组织结构的优点有：职能部门任务专业化，可以避免人力和物质资源的重复配置；便于发挥职能专长，对许多职能人员颇有激发力；可以降低管理费用，这主要来自各项职能的规模经济效益。

职能制组织结构的主要缺点是：多头领导的体制易造成矛盾；狭窄的职能眼光，可能不利于组织满足迅速变化的需要；职能部门之间的协调性差，从本位出发考虑问题易降低组织整体的目标和效益；一个职能部门可能难以理解其他部门的目标和要求；不利于培养全面的管理人才。职能制组织结构比较适合于外部环境较为稳定，采用常规技术的中小型规模的组织。

3. 直线职能制组织结构

直线职能制组织结构也称为直线参谋型组织结构，是把直线垂直指挥系统与按专业分工而设置的管理职能部门结合起来的一种组织形式。职能部门拟订的计划、方案，以及有关指令，统一由直线领导者批准下达，职能部门无权直接下达命令或进行指挥，只起业务指导作用，各级行政领导人实行逐级负责，实行高度集权。

直线职能制组织结构的优点为：综合了直线制和职能制的优点，保持了直线制的集中统一指挥的优点，又吸取了职能制发挥专业管理的长处，从而提高了管理工作的效率；职责分明，各主其事，工作秩序井然，组织有较高的稳定性。

直线职能制组织结构的缺点为：职能部门和直线指挥部门之间易产生矛盾；权力集中于最高管理层，下级缺乏必要的自主权，使下级部门积极性、主动性不易发挥；信息传递路线较长，反馈慢，适应环境变化较难。

第四节　领导、激励与沟通

一、领导

(一) 领导的定义

领导是指导和影响群体或组织成员的思想与行为，使其为实现组织目标而做出努力和贡献的过程或艺术。包含以下定义：

第一，领导者一定要与所领导的群体或组织的其他人员发生联系。

第二，权力在领导者和其他成员中的分配是不平等的。

第三，领导者能对被领导者产生各种影响。

第四，领导的目的是影响被领导者去为实现组织目标做出努力和贡献。

（二）领导与管理的差异

管理和领导，虽定义不同，但显然有诸多相似之处。两者都涉及对要做的事情做出决定，建立一个能完成某项计划的人际关系网络，并尽力保证任务得以完成。然而，两者之间仍然存在差异，主要体现在四个方面：①管理趋向注重一个相对短的时间范围，强调微观方面；而领导注重更长的时间范围，注重宏观方面；②在组织中，管理注重人员专业化，通过挑选或培训让合适的人担任各项工作，要求服从安排；而领导则注重整体性，使整个群体朝着正确的方向前进，实现所确定的目标。③管理常通过控制和约束解决问题；而领导则多采用激励和鼓舞，侧重于授权、扩展，并不时通过创新激发群众的积极性。④领导与管理的根本区别体现为它们各自的功用不同；领导能带来有用的变革，而管理则是为了维持秩序。

另外，对领导与管理也可以从其权力的基础进行分析。管理是建立在合法的、有报酬的和强制性的权力基础上的，而领导更多的是建立在个人影响力和专长权以及模范作用的基础上的。领导的本质就是被领导者的追随和服从，它不是由组织赋予的职位和权力所决定的，而是取决于追随者的意愿。因此，有些握有职权的管理者可能没有部下的服从，也就谈不上是真正意义上的领导者。对非正式组织中有影响力的人参加企业正式组织的管理，会大大有益于管理的成效。对不具备领导才能的人应该从管理人员队伍中剔除。

二、激励

任何一个组织都有其特定的目标，为实现这个目标就需要组织中每个人的努力。但是，人是复杂多变的，在相同的情景下，组织中的人对实现组织目标的积极性是不同的，这直接影响工作的绩效。而要提高人的工作积极性，并开发人的潜能，就离不开激励。激励是领导的重要职能之一。

（一）需要层次理论

需要层次理论是指每个人都寻求满足五个方面的需要：生理需要、安全需要、归属需要、尊重需要和自我实现需要，这些需要可以按照重要性列成层级，其中生理和安全这两种最基本的需要处于需要层次的最底部，只有当最低层次的需要得到满足时，个体才会继续寻求更高层次的需要。一旦某种需要得到满足，它就不再成为激励的来源。

需要层次理论有助于管理者识别员工的需要，并根据员工的需要层次提供相应的激励方式。该理论提示管理者：员工想要在工作中满足的需要彼此很可能不同，因此，对于一个员工有效的激励方式，对于另一个员工可能无效。这就意味着想要拥有一个高激励水平的团队，管理者就必须识别团队中每个员工想要在工作中满足的需要类型，并据此进行个性化的激励。并且对于那些有高水平业绩并对组织做出贡献的员工，要保证他们得到使他们的需要得到满足的结果。通过这样做，管理者将个人和组织的利益结合在一起，如果员工所作所为对组织有利（也就是说，实现的业绩水平很高），他们就会获得能够满足他们需要的结果。

（二）期望理论

期望理论建立在公式"动机=期望值×效价"的基础上，其关注的是"员工如何在多种行为方向以及多种努力水平中进行选择"。期望理论假设，当员工认为自己有能力完成任务而且由此得到的奖励与所付出的努力相匹配时，就会得到激励。根据期望理论的研究，员工对待工作的态度依赖于对下列三种要素的分析与判断：

第一，期望（努力与绩效的联系）。期望是指员工感觉到通过一定程度的努力而达到工作绩效的可能性，或者说员工对其努力将产生绩效的信念。

第二，工具性（绩效与奖赏的联系）。工具性是指员工对于达到一定工作绩效后可获得理想的奖赏结果的信任程度，或者说员工对其绩效能够得到报酬的信念。

第三，效价（奖赏与个人目标的联系）。效价是指达到一定的工作绩效时，员工所获得的结果或奖赏对他的重要程度。

期望理论着眼于三对关系："努力-绩效"关系、"绩效-奖赏"关系以及"奖励-个人目标"关系。只有当员工相信自己付出的努力能够在绩效评估中体现出来，而且好的绩效评估可以得到组织奖励，并且组织所赋予的奖励为员工所重视时，员工才有可能达到激励水平的最大化。期望理论对管理者的启示是，管理人员的责任是帮助员工满足需要，同时实现组织目标。管理者必须尽力发现员工在技能和能力方面与工作需求之间的对称性。为了提高激励，管理者可以明确员工个体的需要，界定组织提供的结果，并确保每个员工有能力和条件（时间和设备）得到这些结果。

（三）双因素理论

双因素理论提出：内在因素与工作满意相关，而外在因素与工作不满意相关。这两类因素分别称为激励因素和保健因素。

激励因素往往与实际工作的特点及其挑战性有关，如工作表现机会和工作带来的愉快、工作上的成就感、由于良好的工作成绩而得到的奖励、对未来发展的期望以及职务上的责任感等。

保健因素往往与工作的物理和心理环境有关，如公司的政策、管理和监督的特点、人际关系、报酬的多少、工作条件等。

研究发现：当注重激励因素的时候，员工会感到满意；当激励因素处理不当的时候，员工就没有满意感。当保健因素处理不当时，员工将会产生不满意情绪；当保健因素得到充分改善时，员工将没有了不满意，但不会因此感到满意。双因素理论对人们的启示是：要调动和维持员工的积极性，首先应注意保健因素，做好与之有关的工作，以防止不满情绪的产生。但更重要的是利用激励因素去激发员工的工作热情，努力工作。如果只满足于员工没有什么意见，只针对保健因素采取一些消极措施，那么虽然可能使管理者和员工之间相安无事，却不能创造奋发向上的局面，从而不能取得优良的工作成绩。

(四) 公平理论

激励的公平理论指，员工经常将自己的付出与所得和他人进行比较，而由此产生的不公平感将影响到他们以后在工作中的努力程度。根据公平理论，决定员工工作激励程度的重要因素不是产出和投入的客观水平，而是员工对于产出/投入比较的主观感知，很可能不精确甚至与客观事实不相符。比较可能导致三种不同结果：报酬过高产生的不公平、报酬过低产生的不公平以及报酬公平。

当一个人觉察到他的所得与投入之比与参考者的所得与投入之比相等时，公平就存在了。当公平存在时，人们就会受到激励来继续保持他们当前的投入，以此获得当前水平的收入。在公平的环境中，如果人们希望提高他们的所得，他们就会被激励提高投入。

当一个人的所得与投入之比与参考者的所得与投入之比不相等时，不公平就存在了。有两种不公平：低报酬不公平和高报酬不公平。当一个人认为他的所得与投入之比小于参考者时，低报酬不公平就存在了。这时，他就会认为在给定投入的情况下，没有得到相应的所得，因此而感到特别愤怒。当一个人认为他的所得与投入之比大于参考者时，高报酬不公平就出现了。这时，他就会认为在给定投入的情况下，参考者没有得到相应的所得，他会由于自己报酬过高而感到内疚。内疚或者愤怒都是消极的情绪，它们会驱使员工改变自己的行为。员工会尝试去创造一种公平报酬的状态。

公平理论对企业管理的启示是非常重要的，它告诉管理人员，员工对工作任务以及公司的管理制度，都有可能产生某种关于公平性的影响作用。而这种作用对仅仅起维持组织稳定性的管理人员来说，是不容易觉察到的。员工对工资提出增加的要求，说明组织对他至少还有一定的吸引力；但当员工离职率普遍上升时，说明组织已经使员工产生了强烈的不公平感，这需要引起管理人员高度重视，因为它意味着除了组织的激励措施不当以外，更重要的是，企业现行管理制度有缺陷。

三、沟通

良好的沟通是组织与组织成员相互了解的基本前提。组织与其成员以及组织成员之间认知等方面存在的种种差异决定了必须建立有效的沟通机制，以防止因沟通不畅而可能引发的认知、态度的冲突。

（一）沟通及沟通的作用

沟通就是借助一定手段把可理解的信息、思想和情感在两个或两个以上的个人或群体中传递或交换的过程，目的是通过相互间的理解与认同来使个人或群体间的认知以及行为相互适应。简单来说，沟通就是传递信息的过程。在这个过程中，至少存在着一个发送者和一个接收者，即发送信息的一方和接收的信息一方。信息在二者之间的传递过程（沟通过程）。

沟通在管理中的作用表现在：①沟通是协调各个体、各要素，使组织成为一个整体的凝聚剂；②沟通是领导者激励下属，实现领导职能的基本途径；③沟通也是组织与外部环境之间建立联系的桥梁。

（二）人际沟通与组织沟通

沟通是传递信息和意图的过程。主要有两种沟通类型：组织沟通和人际沟通。在组织层面，沟通发生在组织之间和组织内的部门之间。在人际层面，沟通发生在人与人之间。人际沟通是组织沟通的基础，有效的管理沟通是以人际沟通为保障的。

1. 人际沟通

人际沟通，是指人与人之间的信息与情感的交流。根据传递信息的形式，人际沟通可分为语言沟通和非语言沟通。

（1）语言沟通。语言沟通是建立在语言文字基础上的信息传递方式，可分为口头沟通和书面沟通两种形式。

（2）非语言沟通。非语言沟通是指通过某些媒介而不是讲话或文字来传达信息，包括身体语言沟通、副语言沟通、物体的操纵等多种形式。

2. 组织沟通

组织沟通是由各种相互依赖关系而结成的网络，是为应对环境的不确定性而创造和交流信息的过程。组织沟通涉及组织中的各种沟通模式、网络和系统。

（1）正式沟通与非正式沟通。正式沟通是指在组织规定的层级（指挥链）或组织安排内发生的沟通。非正式沟通是指不被组织的层级结构所限定的组织沟通。

（2）沟通的流动方向。按照信息的流动方向可以分为下行沟通、上行沟通、横向沟通与斜向沟通四种形式。

（3）组织沟通网络。横向和纵向的组织沟通可以组合成各种各样的沟通模式，把它称为沟通网络。简单来说，沟通网络就是信息流动的通道。这种通道有两种情况：正式沟通网络或非正式沟通网络。正式沟通网络一般是垂直的，它遵循权力系统，并只进行与工作相关的信息沟通；非正式沟通网络常常称为小道消息的传播，它可以自由地向任何方向运动，并跳过权力等级，在促进任务完成的同时，满足群体成员的社会需要。

（三）实现有效沟通

要实现有效沟通，就必须克服沟通的障碍，提高传递和交流信息的可靠性与准确性。

第一，人际沟通的改善。人际沟通的改善主要包括这些方面：选择适合的沟通方式、恰当使用语言和非语言线索、控制情绪、善于运用反馈、学会积极倾听、减少沟通的中间环节。

第二，组织沟通的改善。组织沟通的改善主要包括这些方面：①明确沟通的重要性，正确对待沟通；②创造一个相互信任、有利于沟通的小环境；③缩短信息传递链，拓宽沟通渠道，保证信息的畅通无阻和完整性；④建立特别委员会，定期加强上下级的沟通；⑤非管理工作组；⑥加强平行沟通，促进横向交流；⑦强化有效信息的甄选。

第五节　管理控制

管理的一切活动都是为了实现组织目标，计划职能确定了组织的目标和实现目标的途径，组织职能将计划落实到人员和资源的安排，要使计划的目标转化为现实，主管人员就必须在管理工作中执行控制的职能，以使工作按原来的计划进行，或适当调整计划以达到预期的目的。

一、管理控制与控制的过程

（一）控制的概念

控制是指对组织内部的管理活动及其效果进行衡量和校正，以确保组织目标及为此拟订的计划得以顺利实现的管理活动。具体来讲，就是通过不断地接收和交换企业内外的信息，按照预定计划指标和标准，监督、检查实际工作的执行情况，若发现偏差，及时找出原因，并根据环境条件的变化，自我调整，使组织的活动能按预定的计划进行或对计划做适当修正，确保计划的完成和目标的实现。

（二）控制的三个基本类型

根据纠正措施在管理过程中发挥作用的环节不同，控制可分为前馈控制、同期控制与反馈控制。

1. 前馈控制

前馈控制也被称为事前控制或预先控制。前馈控制发生在实际工作开始之前，它以未来为导向，在工作之前对工作中可能产生的偏差进行预测和估计，采取防范措施，以便在实际偏差产生之前，管理者就能运用各种手段对可能产生的偏差进行纠正，将其消除于产生之前。如为了保证工作的顺利进行而制定一系列规章制度，为生产出高质量的产品而对原材料质量进行控制等，都属于前馈控制。由于前馈控制是在工作开始之前进行的控制，因而可以防患于未然，避免事后控制只能亡羊补牢的弊端。又因为前馈控制是针对某项计划行动所依赖的条件进行的控制，不针对具体人员，不会造成心理冲突，所以易于被员工接受并付诸实施。前馈控制主要是通过动态地保持计划本身的正确性，包括计划所要求的资源配置的正确性、计划所要求的工作的划分和联系的正确性、计划所要求的工作流程的正确性、计划所要求的制度的正确性等，从而使计划对其实施过程起到直接有效的控制作用。

2. 同期控制

同期控制也被称为即时控制或现场控制，是指计划执行过程中所实施的控制。同期控制主要为基层管理人员所采用。主管人员通过深入现场亲自监督检查、指导和控制下属人员的活动实施控制行动。它包括的内容有：①向下级指示恰当的工作方法和工作过程；②监督下级的工作以保证计划目标的实现；③发现不符合标准的偏差时，立即采取纠正措施。在计划的实施过程中，大量的管理控制，尤其是基层的管理控制都属于这种类型。同期控制是控制的基础。一个主管人员的管理水平和领导能力，常常会通过这种工作表现出来。

3. 反馈控制

反馈控制也被称为事后控制或成果控制，是根据计划执行的结果来实施的控制。这类控制主要是分析工作过程的输出结果，将它与控制标准相比较，发现已经发生或即将出现的偏差，分析其原因和对未来的可能影响，及时拟订纠正措施并予以实施，以防止偏差继续发展或防止其今后再度发生。由此可见，反馈控制是一个不断提高的过程。它的工作重点是把注意力集中在历史结果上，并将它作为未来行为的基础。显然，反馈控制并不是一种最好的控制方法，但目前它仍被广泛地使用，因为在管理工作中主管人员所能得到的信息，很大一部分是需要经过一段时间才能得到的延时信息。在控制中为减少反馈控制带来的损失，应该尽量缩短获得反馈信息的时间，以弥补反馈控制方法的这种缺点，使造成的损失减少到最低程度。

（三）控制的三个基本环节

控制过程包括三个基本环节的工作：确立标准、衡量绩效、纠正偏差。

1. 第一个环节：确立标准

标准是人们检查和衡量工作及其结果（包括阶段结果与最终结果）的规范。制定标准是进行控制的基础。没有一套完整的标准，衡量绩效或纠正偏差就失去了客观依据。确立控制标准可分为三个步骤：①确定控制对象；②选择控制重点；③建立标准。

2. 第二个环节：衡量绩效

要求管理者及时掌握能够反映偏差是否产生，并能判定其严重程度的信息。用预定标准对实际工作成效和进度进行检查、衡量和比较，就是为了提供这类信息。为了能够及时、正确地提供能够反映偏差的信息，同时又符合控制工作在其他方面的要求，管理者在衡量工作成绩的过程中应注意以下几个问题：①通过衡量成绩，检验标准的客观性和有效性；②确定适宜的衡量频度；③建立信息反馈系统。

3. 第三个环节：纠正偏差

纠正偏差就是在此基础上，分析偏差产生的原因，制定并实施必要的纠正措施。这项工作使控制过程得以完整，并将控制与管理的其他职能相互联结：通过纠正偏差，使组织计划得以遵循，使组织结构和人事安排得到调整，使领导活动更加完善。为了保证纠偏措施的针对性和有效性，必须在制定和实施纠偏措施的过程中应注意：①找出偏差产生的主要原因；②确定纠偏措施的实施对象；③选择恰当的纠偏措施。

二、管理控制的方法

在一个组织的管理体系中，控制的方法与技术属于"术"的层面，发挥着使"道"

落地的作用，直接决定着控制的理念和系统付诸实施的效果。

从战略层次的角度，组织的控制方法可以划分为层级控制、市场控制和团体控制三类。这三种控制方法的具体做法不同，适用范围不同，发挥的作用也不同。

（一）层级控制

层级控制也称为"官僚控制""科层控制"，是指利用正式的章程、规则、政策、标准、科层权力、书面文件和其他科层机制来规范组织内部门和成员的行为并评估绩效。层级控制是多数中型和大型组织最基本的控制方式。常见的层级控制方法有财务控制、审计控制和预算控制。

1. 财务控制

财务控制是指对企业的资金投入及收益过程和结果进行衡量与校正，以确保企业目标以及为达到此目标所制订的财务计划得以实现。财务控制通常对企业的偿债能力比例、盈利能力比例、营运能力比例进行分析与控制。

2. 审计控制

审计控制是指对反映组织资金运动过程及其结果的会计记录及财务报表进行审核、鉴定，以判断其真实性和公允性，从而起到控制的作用。审计是一项较独立的经济监控活动。审计包括外部审计和内部审计。外部审计是由组织外部的机构（如会计师事务所）选派审计人员对组织财务报表及其反映的财务状况进行独立的检查和评估。内部审计是由组织内部的机构或由财务部门的专职人员独立进行的，其目的是为组织内部控制提供一种手段，以检查和评价各项控制的有效性。

3. 预算控制

预算控制就是根据预算规定的收入与支出标准来检查和监督各个部门的生产经营活动，以保证各种活动或各个部门在充分达成既定目标、实现利润的过程中对经营资源进行有效利用，从而使成本费用支出受到严格有效的约束。作为一种控制手段，预算控制是通过编制和执行预算来进行的。

（二）市场控制

市场控制是指组织借助经济的力量，通过价格机制来规范组织内部门（单位）和员工的行为。市场控制的动因是企业内部组织管理成本过高。市场控制的原则是：把组织建设成为由内部企业组成的机构；用市场的机制代替直接的命令来管理组织；在内部市场中鼓励集体的合作精神。市场控制可分以下三个层次：

第一，公司层。在公司层次上，市场控制通常用于规范独立的事业（业务）部门，每个事业（业务）部门都是利润中心，企业高层管理人员一般使用盈亏指标对事业（业务）部门进行绩效评估。

第二，部门层。部门层次上的市场控制表现为公司内部交易。转移定价就是企业运用市场机制调整内部交易的一种方法。

第三，个人层。个人层次上的市场控制常常表现为激励制度和工资制度。

（三）团体控制

团体控制是指将个体融入团体中，将个人的价值观与组织的价值观和目标相统一，通过团体的共同行为范式来实现组织成员的自我约束和自我控制。团体控制主要来自组织成员和工作性质的变化、控制环境的变化、雇佣关系的变化。组织文化是团体控制的基础。有效的团体控制需要构建创新的组织文化，创建响应顾客需求的文化，创建良好的职场精神。

第五章 企业的经济与管理

第一节 企业与现代企业经济管理

一、企业的定义

企业是从事生产、流通、服务等经济活动的组织，是面向市场、以盈利为目的、自主经营、自负盈亏，独立承担民事责任和民事义务的具有法人资格的经济实体。一个企业应具备三个条件：①企业必须要有一定的组织机构，有自己的名称、办公和经营场所、组织章程等；②企业应自主经营、独立核算、自负盈亏，具有法人资格；③企业是一个经济组织。

二、现代企业经济管理的原则

"企业发展中，经济管理是企业根本，也掌握着发展的命脉。"[①] 企业经济管理，即管理主体通过运用管理职能，在经济活动中对人力、物力、财力、时间和信息等进行合理分配和有效使用以及对各个社会集团和个人之间的物质利益关系进行合理调节，以实现预定目标的一系列活动的总称。

经济管理的基本原则，是指在经济管理基本原理的指导下，在经济管理的实践中总结起来的，经济管理者在经济管理活动中必须遵循的行为规范，它是经济管理基本原理的体现。

（一）整分合原则与相对封闭原则

整分合原则与相对封闭原则，是经济管理的系统原理的具体化、规范化。

---

① 郑佰慧. 加强企业经济管理方法研究 [J]. 商场现代化，2022（22）：50.

1. 经济管理的系统原理

经济管理的系统原理源于系统理论，它认为应将组织作为人造开放性系统来进行经济管理。它要求经济管理应从组织整体的系统性出发，按照系统特点的要求从整体上把握系统运行的规律，对经济管理各方面的前提做系统的分析，进行系统的优化，并依照组织活动的效果和社会环境的变化，及时调整和控制组织系统的运行，最终实现组织目标。

2. 整分合原则

整分合原则，是指为了实现高效率经济管理必须整体规范明确分工，在分工基础上进行有效的综合，形成目标树，明确分工的权利范围和责任，科学、有效地组织开展计划，保证任务的完成。整分合原则中，整体是前提，分工是基础，综合是保证。整分合原则的应用一般要经过整体目标确立、系统分解、综合协调三个步骤。整分合原则要求经济管理必须有分有合，先分后合。

3. 相对封闭原则

任何社会组织都是一种开放系统，系统内部与外界环境存在物质、能量、信息的交换。但是，作为一个组织的经济管理系统，其经济管理手段和过程必须构成相对连续封闭的回路，形成螺旋式开放的循环，周而复始地进行。这种封闭式经济管理，可以使经济管理系统的内部各要素、各子系统有机衔接，相互促进，保证信息反馈，形成有效的经济管理活动。这就是经济管理的相对封闭原则。

管理的相对封闭原则中，管理由对内和对外两部分组成。对于管理内部，各个部分、各个环节必须首尾相连，形成回路，使各个部分、各个环节的功能作用都能充分发挥；对于系统外部，任何相对封闭的系统又必须具有开放性，与相关系统有输入、输出关系。

（二）反馈原则与弹性原则

反馈原则与弹性原则，源于经济管理的动态原理。

1. 经济管理的动态原理

经济管理的动态原理有两个方面的含义：①经济管理组织系统内部固有的结构、功能及运行状态具有随着内部各要素及内部其他条件的变化而适时调整、变化的动态规律；②经济管理组织作为更大系统的子系统，具有随着大系统的运动而运动、变化而变化的规律。

经济管理的动态原理，具有有序性和适应性两大基本特点。有序性要求经济管理要按照一定规律有序地进行，适应性要求经济管理必须研究内外部环境的变化并努力适应其变化。

2. 反馈原则

动态原理给经济管理组织系统提出了必须适应系统内外部环境变化的动态要求。这种要求体现在：任何一个经济管理组织一方面必须对环境变化和行动结果追踪了解，及时掌握动态。同时，把行动结果与原来的目标进行比较，找出差距并及时纠正，以确保组织目标的实现。这种为了实现一个共同目标，把行为结果返回决策机构，使因果关系相互作用，实行动态控制的行为原则，就是经济管理的反馈原则。经济管理的反馈原则要求加强信息的接受工作、信息的分析与综合工作、信息的反馈控制工作。

3. 弹性原则

随着社会经济的发展，经济管理组织系统的环境因素日益复杂、变动日益加剧，同时组织系统与环境之间的相互依赖关系也日益密切。组织为了生存与发展，客观上要求加强组织的经济管理弹性，各方面都留有余地，在各种不确定因素发生时，能灵活机动地进行调节，具有应变能力。经济管理的弹性原则要求倡导"积极弹性"，并着重提高关键环节的局部弹性。

（三）能级原则与行为原则

能级原则和行为原则，都是以强调发挥人的作用为核心内容，经济管理的人本原理是它们的基本原理。

1. 人本原理

人本原理，是指从经济管理的角度对人的本质属性的认识和理论探讨。人本原理强调人在经济管理中的核心地位和作用，把人的因素放在首位。它要求经济管理者在一切经济管理活动中要十分重视处理人与人之间的关系，充分调动人的主动性和创造性，把做好人的工作作为经济管理根本，使经济管理对象明确组织的整体目标、自己所担负的责任，自觉并主动地为实现整体目标而努力工作。

2. 能级原则

能级原则是指经济管理的组织结构与组织成员的能级结构必须相互适应和协调，这样才能提高经济管理效率，实现组织目标。经济管理的能级原则要求经济管理必须按层次进行并具有稳定的组织形态；权利、责任和利益必须与能级相对应；同时还要求各级必须动态对应。唯有满足这些要求，才能将具有不同责任、能力和专长的人进行科学的组合，产生最大的效应。

3. 行为原则

行为原则是指经济管理者通过对组织成员的行为进行科学的分析，探寻最有效的经济管理方法和措施，以求最大限度地调动人们为实现整体目标的积极性。经济管理行为原则要求经济管理者既要探讨人的行为共性和普遍性的一面，以求科学地归纳组织成员的共同行为规律，又要研究个体行为的差异性和特殊性的一面，以便经济管理者能开展因人而异的经济管理活动，求得经济管理实效。

三、现代企业经济管理的基本职能

（一）经济管理的计划职能

计划职能是管理职能中最基本的职能，其主要任务是确定组织的任务和目标，拟定完成任务和目标的行动纲领，计划工作的核心是决策。

计划是先于其他管理职能的工作，在现代社会，计划工作已成为组织生存的必要条件。对企业而言更是如此，要经营好企业就必须要有计划，而且要保证计划任务能按部就班地完成，把计划作为集体行动的准绳。

1. 计划及其特性

对计划的理解有动态和静态之分：从静态角度看，计划是指用文字和指标等形式所表述的，对组织以及组织内不同部门和不同成员在未来一定时间内关于行动方向、内容和方式安排的管理文件；从动态角度看，计划是指为了实现决策所确定的目标，预先进行的行动安排。

计划工作的特征，可以概括为以下四个方面：

（1）目的性。任何组织都是通过有意识的合作来完成群体的目标而得以生存的。计划工作旨在有效地组织某种实现目的。具体地说，计划工作首先要确定目标；然后，组织要围绕目标开展各种行动，并预测哪些行动有利于达到目标，哪些行动不利于达到目标，从而指导今后的行动朝着目标的方向迈进。

（2）主导性。计划的主导性体现在两个方面：①管理过程中的其他职能都只有在计划工作确定了目标以后才能进行；②管理者通过制订计划，可以了解需要什么样的组织结构，需要什么样的人员、按照什么样的方式来领导下属，以及采用什么样的控制方法。

（3）普遍性。虽然各级管理人员的职能和权限不同；但是他们的工作中始终存在决策，也就是说，计划工作存在于各级管理人员的工作中。

2. 计划的表现形式

计划的表现形式很多，计划通常可表现为宗旨或目的、目标、战略或策略、政策、程序、规则、规划和预算等形式。

（1）宗旨或目的，明确地指出了一定的组织机构在社会上应起的作用及所处的地位。例如，工商企业的目的就是生产和分配商品或服务，大学的目的就是培养人才等。

（2）目标，具体规定了组织及各个部门的经营管理活动在一定的时期内所要完成的具体任务。目标不仅是计划工作的终点，而且也是组织工作、人员配备及控制等活动所要达到的结果。

（3）战略或策略，指出了组织为实现自己的目标而确定的主攻方向，是所拥有的人力、物力、财力部署的基本依据。

（4）政策，是指在决定和处理问题时，指导与沟通思想活动的方针和一般规定，政策能明确组织活动的方针和范围，鼓励什么和限制什么，以保证行动和目标一致。

（5）程序，程序就是办事手续，是对所要进行的行动规定的时间顺序规定了处理例行问题的方法和步骤。

（6）规则，是对具体场合和具体情况下，允许和不允许采取某种特定行动的规定。

（7）规划，是综合性计划，它是为实现既定目标、政策、程序、规则、任务分配、执行手续、使用资源以及其他要素的复合体。

（8）预算，是一种数量化的财务计划，也是一种重要的控制手段。

3. 计划工作的程序

一项计划的制订，一般包括四个方面的工作：分析环境并进行预测；制定实现目标的行动方案并择优；计划方案的细化；计划的执行。具体而言，计划工作可分为以下七个步骤：

（1）对机会进行估量。制订工作计划之前需要对机会进行估量，即对组织可能出现的机会进行识别，不仅要评价组织的内部环境和外部环境，还要对组织抓住机会的概率进行评估。

（2）明确计划工作的目标。企业在某段时间范围内希望达到怎样的效果，就是计划工作的目标。该目标明确了未来的工作内容，工作的重难点，以及为完成工作任务所制定的政策方针、执行程序、投入预算、整体规划等。企业未来的所有活动都要以计划工作目标为准绳。

（3）对计划的前提条件进行明确。在制订计划时需要对环境中的某些条件进行假设，这里的某些条件主要指那些能够直接且有效影响计划实施的条件，这是由企业内外环境的变动因素和不确定因素所决定的。

（4）设计备选方案。基本上每个计划都会有很多备选方案，企业通过分析和比较对这些方案进行初步筛选，选出较为满意的几个，并评价它们的优劣。

（5）确定最优方案。对初选方案的优点及不足进行分析，对照计划工作的具体目标和预定的环境条件，综合评价初选方案并从中选择出最优的方案。方案的评价会受到很多不确定因素的影响以及各种条件的限制，工作难度较大，而在确定最优方案时要着重考虑它们的执行过程和效果。

（6）派生计划和预算的制定。基本计划确定后，根据实施的具体过程对其进行细化，便产生了派生计划和预算，它们的执行决定了基本计划的执行。

（7）对计划付诸实施。企业管理者在实施计划的过程中，要进行实时监督和有效管理，确保计划获得成功，即在预定时间内达到预期效果。

4. 计划工作的作用

虽然各种计划的形式和规模都不同，但它们的作用基本相同，具体如下：

（1）提供方向。未来的不确定性和环境的变化要求行动保持正确的方向。计划作为未来的一种筹划，它能使所有行动保持同一方向，促使目标的实现。

（2）力求经济合理。实现目标有许多途径，需要选择尽可能好的方法，以最低的费用取得预期的成果，避免不必要的损失。计划强调协调和节约，其重大安排都经过经济和技术的可行性分析，可以使付出的代价尽可能合理。

（3）发现机会和危险。未来的不确定性不可能完全消除，但应力求把它降到最低限度。计划工作能够及时发现机会，也能及时预见危险，早做准备，以防万一。

（4）统一工作标准。组织中所有的部门都在为了一个目标工作，这就需要计划来协调。

5. 计划编制的方法

科学有效的计划编制有助于提高计划工作的效率。相较于过去，现代企业面对的外部环境更加复杂多元，综合平衡作为传统的计划编制方法已经无法满足现代企业的发展需求。随着科学技术的发展与进步，现代企业已经形成了建立在数学算法、计算机技术基础之上并且可以有效提升计划工作效率和质量的新型计划编制方法。目前，较为成熟的计划方法和计划技术有滚动计划、线性规划、预算等方法及网络计划等技术。

（1）滚动计划法。对计划进行动态编制就是滚动计划法，它是相对于执行完计划后再对下一计划重新编制的静态分析法而言的。该方法先将计划列表向前滚动一个计划周期，再对计划进行调整或编制。滚动计划法主张对近期计划实行详尽的编制，对长期计划实行概括性的编制，如果计划因素在未来发生变动，到时再进行相应调整。

（2）网络计划技术。网络计划技术即计划评审术，又叫关键路线法，在我国也称统筹法。它是利用网络理论制订计划并对计划进行评价、审定的技术方法。它的基本原理是：用网络图来表示计划任务的进度安排，并且反映出组成计划任务的各项活动（或各道工序）之间的相互关系。

网络计划技术的步骤包括：①绘制网络图，网络图由活动、事项和路线三部分组成，网络绘制规则是有向性、无回路、首尾有结点、二点一线、事项编号从大到小；②进行网络分析，计算网络时间，确定关键线路和关键工序。

在网络图中，关键路线是由总时差为主的关键工序连接起来的路线。时差是指某事件的最迟完工时间和最早完工时间之差。最后利用时差，不断改善网络计划，求得工期、资源与成本的综合优化方案。网络计划技术适用于单件小批生产类型的企业，特别适用于一次性的生产或工程项目。其优点是能缩短工期、降低成本、提高经济效益。

（3）线性规划法。为了不断提高组织的效益，组织在编制计划时经常需要解决两个问题：①当计划任务已经确定时，应如何安排才能做到以最少的资源去完成任务；②在资源有一定限制时，如何合理地分配与使用，使完成的计划任务最多。

（4）预算法。预算就是运用数字编制的计划，这些数字可以是财务性的，也可以是非财务性的，预算用这些数字来表明组织行动的预期结果。预算有两个基本作用：①它能把组织各项工作的预期成果用数字表示出来，从而为各项工作提供了具体的目标，这些具体目标是实现组织整体目标必不可少的组成部分；②预算提供的具体目标又是检验各项工作的标准，因此，预算又是强有力的控制手段。

常用的预算方法有固定预算、弹性预算、零基预算和滚动预算等。

第一，固定预算。固定预算法是按照预算期可能实现的、固定业务量水平编制预算的方法。固定预算又称静态预算，就是把未来某一个时期的计划用各种数字表示出来，不论将来情况是否变化，预算确定的各种数字都不进行大的修改。这种方法简单易行，但缺点是不够灵活。

固定预算法编制简便、直观，容易理解；缺点是过于呆板，适应性、可比性差，当业务水平与预算出现较大差异时，难以适应业务量变化，不利于合理地控制、考核和评价预算执行情况。

固定预算法适用于运营环境与销量水平相对稳定或能对销量有影响与可控的企业或部

门，这一类型的预算单位中，发生的销售量差异较小或预算单位对销售量差异为可控，故在这类单位中运用固定预算法是科学合理的。

第二，弹性预算。弹性预算法是与固定预算法相对应的一种方法，是为特定业务量水平确立一个基准预算，并在成本性态分析的基础上，依据业务量、成本和利润之间的联动关系，以预算期内可能实现的不同业务水平为基础编制预算的方法。

弹性预算是一种适应环境变化而变化的预算方法，它所确定的各种数字可以随着销售额或产量的变化而变化。当环境变化引起销售额或产量变化时，人们可以及时用这种方法做出适当的调整。弹性预算比固定预算具有较多的优越性，它具有适应范围广、使用时间长的特点。由于预算期内实际发生的数额一般包括在预计的弹性预算内，所以能够比较准确地控制生产经营活动，同时避免了重复编制预算的缺点，发挥了预算动态控制的作用。

弹性预算法能适用各项随业务量变化而变化的成本支出、预算对比；能反映在不同业务量的情况下合理开支的费用或利润水平；避免在实际情况发生变化时对预算的频繁修改；便于对预算执行的分析、评价与考核，为业绩评价提供更加客观合理的基础；能帮助管理层更清晰地分析预算完成，利于控制成本、改善绩效。

弹性预算法，适用于运营环境与销量水平变化较大或对销量不可控的企业或部门，在这一类型的预算单位中，发生的销售量差异较大或预算单位对销售量差异不可控，故这类单位中运用弹性预算法是科学合理的。

第三，零基预算。零基预算是以零为基数编制的预算，其全称为"以零为基础编制计划的预算方法"。这种方法在编制预算时是从零开始，以零为起点，不考虑基期的水平，不受现行预算的约束，完全根据实际情况和各项目的需要来制定预算。由于不受既成事实和不合理因素的影响，所以编制的预算切合实际，能够合理并有效地提高效益。零基预算在提高支出部门的投入产出意识、合理分配资金和提高预算管理水平方面具有天然的优势。

第四，滚动预算。滚动预算是指随着时间的推移和预算的实施，及时修订未来预算，使预算期始终保持在固定的期间，逐渐地向前推移，把近期预算和远期预算结合起来的一种连续预算法。滚动预算的特点是：近期预算和远期预算紧密结合，使各期预算相互衔接，能发挥长期预算对短期预算的指导作用。

（二）经济管理的组织职能

在计划工作确定了组织的目标和实现目标的方案之后，管理者就要将本组织中拥有的各项资源按最有利于实现目标的形式组织起来。

1. 组织的特征

组织的原意是指和谐、协调。从管理学的角度看，"组织"一词可以从静态和动态两个方面进行理解。从静态方面看，组织是指组织结构，即组织是由人组成的，是有明确的目的和系统性结构的实体；从动态方面看，组织是指管理的组织职能，即指维持与变革组织结构，完成组织目标的过程。

一个实体之所以成为组织，它应具备以下四个共同特征：

（1）组织是一个人为的系统。这里，"人为"的系统是指以人为主体组成的、有特定功能的整体。

（2）组织必须有特定的目标。目标是组织存在的前提，不管目标是明确的还是含糊的，组织都是为这一特定目标而存在的。组织目标反映了组织的性质及其存在的价值。

（3）组织必须有分工合作。组织的本质在于协作，正是由于人们聚集在一起，协同完成某项活动才产生了组织。

（4）组织必须有不同层次的权利与责任制度。权责关系的统一，使组织内部形成有机联系的不同管理层次。这种联系是在分工协作基础上形成的，是实现合理分工协作的保障，也是实现企业目标的保障。

2. 组织的类型

组织可以根据不同的标准进行分类，最常见的是以满足心理要求为标准，将组织分为正式组织和非正式组织。

（1）正式组织。正式组织一般是指组织中体现组织目标所规定的成员之间职责的组织体系。在正式组织中，其成员保持着形式上的协作关系，以完成组织目标为行动的出发点和归宿点。这个组织具有正式和稳定的结构、明确的职责关系和协作关系等特征。

（2）非正式组织。非正式组织是在共同的工作中自发产生的，是有共同情感的团体。非正式组织一般没有自觉的共同目标，也没有正式的组织结构，但是有着共同的利益、观点、习惯或准则。

无论什么地方都存在着与正式组织有关的非正式组织。正式组织是以组织的目标为基础建立起来的，强调效率原则，非正式组织是以共同价值观为基础，强调感情关系。两者具有较大的区别。但是，两者又有着密切的关系，两者互为基础，互为条件。

3. 组织的结构

组织结构，是组织正常运行和提高经济效益的支撑或载体。现代组织如果缺乏良好的组织结构，没有一整套分工明确、权责清晰、协作配合、合理有效的组织结构，其内在机制的作用就不可能充分发掘出来。一个组织如果不能根据外部环境的变化及时调整、创新和优化组织结构，就会影响管理效能和组织效率的提高。建立合理高效的组织结构是十分必要的。

（1）组织结构设计的任务。组织结构是指组织的基本架构，是对完成组织目标的人员、工作、技术和信息所进行的制度性安排。组织设计是指对组织结构进行创建、变更和再设计。

组织设计的任务，是设计清晰的组织结构，规划和设计组织中各部门的职能和职权确定组织中职能职权、参谋职权、直线职权的活动范围并编制职务说明书，即提供组织结构系统图和编制职务说明书。

组织结构系统图表明了各种管理职务或部门在组织中的地位以及它们之间的相互关系。职务说明书要求能够简单而明确指出该管理职务的工作内容、职责和权力，与组织中其他部门和职务的关系，要求担当该职务者所必备的基本素质、技术知识、工作经验和处理问题能力等条件。

（2）影响组织设计的因素。企业对于管理者的活动，需要进行合理的组织，于是便有了组织设计。企业活动的组织大都是在企业发展战略下，通过某些技术，在特定的环境中完成的。因而在组织设计的过程中，要综合考虑多种因素，包括环境因素、技术因素、发展战略、企业规模等。

（3）组织设计的原则。组织的外部环境、技术应用、发展策略及规模影响着组织内部的职务划分、部门设立以及部门之间的相互关系，但它们不能完全决定组织设计，以下是组织设计需要遵循的基本原则：

第一，目标任务原则。战略及经营任务的完成是进行组织设计的根本目的，因而组织在设计内部结构时要以该目的为中心，每一个部门和职位都要有明确的活动内容和目标，这些活动内容和小目标共同服务于组织的整体战略和经营目标。

第二，责任、权利、利益相结合。责、权、利三者是相辅相成相互影响的关系，组织要对其进行协调和统一，保持三者之间的平衡。权利产生于责任，责任反过来又约束权利，组织为了实现目标赋予管理者权利，有责任的管理者会仔细权衡利弊后再行使权力，而管理者承担责任的意愿又取决于利益。权利、责任、利益如果存在不对等、不协调、不一致，那么组织的内部运行就会受到影响，进而影响组织目标的实现。任何组织的结构治理尤其是高层管理都要遵循责、权、利的结合原则。

第三，分工协作原则及精干高效原则。完成组织的任务目标，离不开企业内部的专业化分工和协作。因为现代组织的管理工作量大、专业性强，分别设置不同的专业部门，有利于提高管理工作的效率。在合理分工的基础上，为保证各项专业管理工作的顺利开展，以实现组织的整体目标，各专业部门必须加强协作和配合。但由于随着分工的深入，会增加管理组织机构的单位和人员，增加管理组织的横向幅度，使管理的协调任务加重、协调难度加大，因此在设置组织结构时，既要有分工，又要有协作。

第四，管理幅度原则。能够严格听从管理者指挥的组织成员的数量就是管理幅度。一个管理者可以直接管辖的员工数量会受到管理者文化程度、个人能力、身体素质等因素的影响。此外，管理幅度还会受到管理效率及层次的影响。人们针对组织内不同级别之间的相互关系，展开了深入的分析，分析结果显示，随着经理管辖员工数量的算数式的增加，他们的关系数也将呈现出几何式的增加。另外，管理幅度越小，管理层次越高，企业要在重视管理幅度有效性的基础上划分管理层次。

第五，权力制衡与统一领导。任何岗位员工的直接领导者应当只有一个人，这就是统一领导。对领导者行使权利的行为进行监督和管理就是权力制衡，如果领导者违背组织原则行使权利，造成组织利益受损，组织可以依照法律法规对其进行制止。企业遵循权力制衡与统一领导原则进行组织设计时，要注意这些关系的处理：①职能与直线经理关系的处理。很多时候职能经理的管理权限会和直线经理重叠，这时同一岗位的员工有可能出现两个直接领导者或没有领导者，首长负责制可以有效解决这一问题。②同层次领导者分为正职（主要领导地位）和副职（次要领导地位），前者是后者的上级。③层级由上至下逐级管理，每一层级都有各自的直接领导者。为了确立每一层级领导人的权威地位，激发他们的工作热情，不允许跨级别领导。同时还要强化权力制衡机制，尤其是管理高层。对于最高管理层没有领导者的情况，则要设立董事会、股东大会等专门的机构对其权力进行制衡。

第六，分权与集权结合。企业在组织设计的过程中，对于权力的使用，既不可过于集中，也不可过于分散，要把握好两者之间的度。社会生产整体目标的实现离不开集权，集权能够促进组织领导的统一性，实现生产资源的合理配置和有效使用。而对下级成员的激励又离不开分权，适当的分权可以帮助组织了解基层的真实情况，为组织决策提供参考，同时也分担了上级的工作压力，领导者可以将有限的精力放在更重要的事务上。集权和分权是相对的，找到两者的平衡点有助于各自作用的有效发挥。

（4）组织结构的形式。从传统管理到现代管理，企业组织结构有多种模式。了解这些模式的特点，有利于选择适宜的组织结构形式，建立具有本企业特点的组织结构框架。

第一，直线制结构。直线制是组织发展初期的一种简单的组织结构模式。直线制组织结构的特点是没有管理的职能，企业依照由上至下的权力划分实施指挥。这种形式的优点是结构简单，权责明确，指挥统一，工作效率高。

第二，职能制组织结构。职能制的特点是按专业分工设置管理职能部门，各部门在其业务范围内有权向下级发布命令。每一级组织既要服从上级指挥，又要听从几个职能部门的指挥。

第三，事业部制。事业部制又称 M 型组织结构。M 型结构是一种分权式结构，即事业部是在总公司领导下按产品、地区或市场划分的统一进行产品设计、采购、生产和销售的相对独立经营、单独核算的分权结构，事业部是总公司控制下的利润中心，拥有很大的生产经营权，能够像独立的企业那样根据市场特征自己经营。在各事业部之上的公司总部机构除了对各事业部的人事、财务等主要经营活动进行监督、评价和协调，并通过利润指标进行控制外，主要致力于研究制定重大方针、政策和战略性计划。

4. 人员的配备

组织设计仅为系统提供了可供依托的框架。这一框架要发挥作用，还需由人来操作，在设计了合理的组织机构和结构基础上，还需为这些机构的不同岗位选配合适的人组织设计仅为系统提供了可供依托的框架。只有通过人来操作，这一框架才能发挥自身的作用，在设计了合理的组织机构和结构的基础上，还需为这些机构的不同岗位选配合适的人员。

（1）人员配备的任务。人员配备是为每个岗位配备适合的人，其任务可以从组织和个人两个角度观察。

第一，从组织需要的角度考查。设计合理的组织系统不仅要能有效地运转，而且要不断发展，人员配备通过为每个岗位配备合适的人不仅能保证系统开动运转，而且也能维持人员对组织的忠诚，为组织的发展准备干部力量。

第二，从组织成员需要的角度考虑。留住人才，不仅要留住其身，还要留住其心。一方面，人员配备可以使每个人的知识和能力得到公正的评价、承认和运用；另一方面，可以使每个人的知识和能力不断发展，素质不断提高。知识和能力能否得到公正的评价将影响人工作的积极性、主动性；知识与技能的提高不仅可以满足人们较高层次的心理需要，而且往往是通向职务晋升的阶梯。

（2）人员配备工作的程序。要合理地进行人员配备，通常要做好以下工作：

第一，确定人员需用量。人员配备是在组织设计的基础上进行的。人员需用量的确定主要以设计出的职务数量和类型为依据。职务类型提出了需要什么样的人，职务数量则告诉我们每种类型的职务需要多少人。

第二，配备人员。职务设计和分析指出了组织中需要具备哪些素质的人。为了保证提供职务的人员具备职务要求的知识和技能，必须对组织内外的候选人进行筛选，做出最恰当的选择。

第三，制订和实施人员培训计划。人的发展有一个过程，组织成员在明天工作的表现需要在今天培训；组织发展所需要的干部要求现在就开始培训，维持组织成员忠诚的一个重要方面，就是使他们看到在组织中发展的前途。人员特别是管理人员培训无疑是人员配备中一项重要的工作。

（3）人员配备的原则。为优化人与事的组合，人员配备过程中必须遵循以下原则：

第一，经济效益原则。组织中人员配备计划的拟订要以组织需要为依据，以保证经济效益提高为前提，它既不能盲目扩大职工队伍，更不能单纯为了解决职工就业，而是要以保证组织的正常运营为目的。当组织发展感到人员不足时，应该首先挖掘内部的潜力，提高劳动生产率，通过人员余缺调剂来解决。

第二，任人唯贤的原则。早在春秋战国时期，我国一些著名的思想家和政治家就提出了任人唯贤的思想。在组织招聘过程中，贯彻任人唯贤的原则，就是要求在人员选聘方面，必须从实际需要出发，大公无私，实事求是地发现人才、爱护人才，重视和使用有真才实学的人。

第三，因事择人的原则。因事择人就是员工的选聘应以职位空缺和实际工作的需要为出发点，以职位对人员的实际要求为标准，选拔、录用各类人员。因为人事任用的目的是谋求人和事之间的有效配合。有从实际的职位需要去选拔合理人才才能实现这一目标，否则必然导致机构臃肿、人浮于事、工作效率低。

第四，量才使用的原则。量才使用就是根据每个人能力大小而安排合适的岗位。行为科学关于个别差异的原则告诉我们，人的差异是客观存在的，一个人只有处在能发挥其才能的岗位上，才能干得最好。量才使用的原则要求管理者充分掌握每位员工的基本条件，尽量把每个人安排到适合的工作岗位上，使其聪明才智得到充分发挥。

第五，程序化、规范化的原则。员工的选拔必须遵循一定的标准和程序。科学合理地确定员工的选拔标准是聘任优秀人才的重要保证。只要严格按照规定的程序和标准办事，才能真正选聘到愿意为组织发展做出贡献的人才。

随着经济全球化的不断深入，国际交流与合作日渐增多，加之中国经济体制与结构的不断演变，使中国企业面临的市场环境越来越复杂，企业经济与管理的难度不断加大。如何在当今环境下，推动企业的经济与管理创新，是每一个企业必须面对的现实问题。

第二节　企业的经济目标与管理活动

一、企业的经济目标

（一）利润的最大化

"企业经营的目标在于获得经济效益，需要采用目标成本管理的手段降低成本支出，完善并加强管理制度。"[①] 在经济活动中，往往是以利润最大化来分析、评判企业的业绩的，因此，利润最大化就被设定为企业的目标。利润最大化是指企业通过有效的组织生产、销售等活动，使企业在一定时期的利润达到最大化。

利润是企业在一定时期的经营成果，是一定时期内获得的全部收入扣除该时期内耗费的全部成本后的余额。利润在一定程度上反映了企业经济效益的高低，是企业经济效益的重要指标。一个企业不仅要追求一定利润，而且要追求利润最大化。以利润最大化作为企业的目标是在 19 世纪发展起来的，其越来越被实行市场经济后的国有企业所接受，是具有合理性的。因为，利润代表了企业新创造的财富，它是增加投资者的投资收益、提供职工劳动报酬、增加积累、扩大再生产经营规模的源泉。把追求利润最大化作为企业的目标，可以促进企业加强经济核算、改善管理、改进技术、提高劳动生产率、降低产品成本。这些措施都是有利于企业资金的合理配置，有利于企业经济效益的提高的。

（二）资本利润的最大化

资本利润最大化，是指企业通过有效地组织生产、销售等活动，使企业资本利润最大限度地提高，或以每单位股本获得利润最大限度地增加，它反映的是资本的获利水平。资本利润率是税后净值利润与资本总额的比例，每股盈余是净利润与普通股数的比值。这两个指标把企业实现的利润额同投入的资本成本数比较，能够说明企业的利率，并可以对不同资本规模的企业的盈利水平，或同一企业的不同时期的盈利水平进行比较，揭示其盈利水平的差异，从而为盈利水平较差的企业加强和改进各项管理提供可靠的信息。

---

① 董天翔，赵菲同. 目标成本管理在企业经济管理中应用探究 [J]. 全国流通经济，2022（8）：23.

（三）股东财富的最大化

股东财富最大化是指企业通过有效地组织生产、销售等活动，为股东带来更多的财富。在股份制企业中，股东财富最大化由其发行在外的普通股股数和股票市价两个因素决定。当公司发行在外的普通股股数一定时，股票的市价就决定了股东财富的大小。

股东财富最大化的优势如下：

第一，考虑了资金的时间价值。股价的变动，既受当前盈利能力的影响，也会受到预期盈利的影响。只有预期经营良好，获利稳定的企业，其股价才会走高。该目标有利于克服企业的短期经营。

第二，考虑了风险。股价与其风险成正比，股价越高则意味着其面临的风险就越大，获得利润可能遭遇的意外也就越多。股价高低是在综合风险和收益后所得到的社会预期价格。

在股东财富最大化目标的引导下，企业不仅关心投资问题，还关系筹资问题和股利问题。筹资问题主要是考虑充分利用负债效应，保持合理的资本结构。股利问题既要考虑企业的短期利益又要兼顾企业的长期利益，增强企业股票在市场上的竞争力。

（四）企业价值的最大化

现代企业是多边契约关系的总和，股东要承担风险，债权人和职工承担的风险也很大，政府也承担了相当大的风险。因而，企业目标应该与企业多个利益集团有关，是多个利益集团共同作用和相互妥协的结果，只强调一个集团的利益是不合适的。所以，以取得企业长期稳定发展和企业总价值不断增长的企业价值最大化为企业目标，比其他形式的目标更为科学。

企业价值最大化，是指企业通过组织生产、销售等活动，充分考虑资金的时间价值和风险与报酬的关系，在保证企业长期稳定发展的基础上，使企业总价值达到最大化。

二、企业的管理活动

（一）企业经营的管理

1. 企业经营的思想

企业的经营思想，是指贯穿企业经营活动全过程的指导思想，它是由一系列观念或观点构成的对企业经营过程中发生的各种关系的认识和态度的总和。具体包括以下六个观念：

（1）市场观念。树立市场观念，就是要以市场为导向，不断开发市场需要的产品，满足市场的需要，并创造市场的需求。

（2）客户观念。客户是市场与消费者的具体组成部分，满足市场的需求要从研究客户入手，树立"用户至上"的理念。

（3）竞争观念。在市场经济条件下，企业时刻面临着竞争，企业要敢于竞争又要善于竞争，要懂得竞争与合作并存，而不是盲目地竞争。

（4）创新观念。企业的生命力在于创新能力。创新观念既包括产品创新、服务创新、技术创新，也包括经营理念与方式创新。

（5）开发观念。开发观念要求企业经营者善于将企业中的资金、物质资源、人力资源、市场资源、技术资源、信息资源、管理资源等各种资源不断开发并合理利用。

（6）效益观念。企业经营的根本目的包括社会效益和经济效益两个方面，也是企业经营的任务所在。企业的社会效益包括以产品或服务满足社会需求、为社会提供就业机会、树立价值典范等；经济效益是指企业经营中产生的利润。

2. 经营管理的基本职能

（1）决策职能。经营管理在一定程度上就是决策，企业在经营管理过程中无时无刻不在进行着决策。决策是为了达到某一特定目标，在详细调查和分析的基础上，借助一定的方法和手段，确定实行方案，并付诸实施的过程。

（2）计划职能。计划就是在调查研究和总结经验的基础上，预测未来，以一种合理的、经济的和系统的方式对企业未来的发展目标做出决策，然后把确定的目标进行具体安排，制订长期和短期计划，确定实现计划的措施和方法。

（3）协调职能。协调职能是指减少企业经营管理过程中各环节之间不和谐的状态，加强各环节之间的合作，从而协调发展。协调可分为对内协调和对外协调，水平协调和垂直协调。对内协调是指企业内部各部门之间的协调；对外协调是企业与国家、市场与其他单位之间的协调。水平协调是企业内部各部门之间的横向协调；垂直协调是上下级之间的纵向协调。

（4）开发职能。有效的经营管理必须善于有效地开发和利用各种资源。企业经营管理中开发职能的重点在于市场的开发、产品的开发、技术的开发、人才的开发等方面。

（5）财务职能。企业的经营管理过程始终与财务活动相伴随。财务活动就是资金的筹措、运用。企业各项经营管理活动的计划与决策都离不开对财务因素的考虑，因此财务职能已经逐渐成为合格的管理者应具备的一项基本职能。

（6）公关职能。企业是社会经济系统的一个子系统，是进行经济活动的基本单位。企业与社会经济系统的诸多环节保持协调一致的职能便是公关职能。公关职能要求管理者以企业为中心，有意识地进行积极的协调和必要的妥协，使各种利益团体根据各自的立场，对企业的生存与发展给予承认与合作。

（二）企业战略管理分析

从广义上说，企业战略包括了企业的意图、企业的目标、企业的战略、企业的政策；从狭义上说，企业战略仅仅是指企业实现其宗旨和一系列长期目标的基本方法和具体计划。

1. 企业战略的定位

战略定位需要考虑的因素很多，如外部环境、内部资源、自身能力以及利益相关方的期望和影响等，由此产生的一系列问题对企业制定未来发展战略至关重要。企业生存在复杂的政治、经济、社会和技术环境中。环境在不断变化，而且不同的组织所处的环境也不尽相同，有些组织面临着比其他组织更为复杂的环境。管理者在研究环境变量对组织的影响时，必须考虑历史和环境对企业的影响以及环境中各种可变因素未来的或潜在的变化趋势。环境中的可变因素有些会给组织带来机遇，有些会产生威胁，或机遇与威胁并存。

企业的战略能力，是由企业资源和能力构成的。正如企业及其战略选择要受到外部因素的影响一样，企业组织的内部因素也会对它们产生影响。有时候企业的特殊资源（如特定的地理位置）可能提供竞争优势，但是能为企业提供真正竞争优势的能力（也被称为核心能力）应是企业的业务活动、专长和技能的组合。核心能力为企业提供了竞争对手难以模仿的优势。

企业的目标也会受到很多因素的影响。实际上，公司治理结构就是很重要的因素，它需要回答诸如企业主要应该为谁服务、管理者如何承担相应责任等问题。利益相关方的不同期望也会影响企业的发展目标，并决定哪些发展战略可以被接受。

在企业中，哪一种观点占主导地位将取决于哪一个利益相关方具有最大的权力。尽管资本往往有决定性的话语权，但是有时候资本的权力也会让位于对企业生死存亡起到更大作用的其他因素。理解这一点非常重要，因为它有助于理解企业为什么选择现行战略。

企业文化也影响着企业对战略的选择，这是因为影响环境和资源的因素很有可能被转化后隐含在企业文化的一些假设条件里。此外，如文化对企业战略的影响、管理者和企业该做什么和为什么要做的道德问题等，通常都在目标陈述中得以体现。

现行战略不可能与未来愿景完全匹配，可能需要微调，也可能需要重大调整。这会涉及企业战略定位中的另外一个重要问题，即评估组织所需战略变革的重要性及企业实施战略变革的能力。

总之，管理者考虑企业文化、环境、战略能力、期望和目标等因素，能够为理解企业的战略定位奠定基础。若考虑企业的战略定位，还需要放眼未来，思考企业的现行战略是否能够应对企业环境的变化，是否能够实现具有影响力的利益相关方的期望等。

2. 企业战略的决策

就组织原则而言，企业无论大小，从中小型公司到大型公司，从结构简单的小型企业到结构复杂的大型企业，战略决策都可以分为三个层次，即公司层、战略性业务单位层和运营层。在进行战略决策前，必须首先把企业战略决策的层次和特点搞清楚，择优取舍，以便减少决策失误。

（1）企业战略决策的层次。企业组织可以分为三个决策层次，即公司层、战略性业务单位层和运营层。对于一个企业集团或者跨国公司来说，公司层是指整个企业集团或跨国公司的总部，战略性业务单位层是指二级子公司或事业部，运营层则是指基层的作业单位。例如，可口可乐、微软、中国石油、中国石化等巨型公司，它们的总部为公司层，地区分部或二级子公司为战略性业务单位层，基层的公司和运作单位为运营层。这三个决策层次，在愿景和使命等方面必须一致，在同一个战略管理框架内进行思考和行动。

公司层和战略性业务单位层必须严格执行整个公司的战略规划，而运营层则根据公司的战略规划制订并实施具体的战术计划，以保证整个公司战略规划的落实并富有成效。管理者在定义企业的商业模式时，第一步就是确定公司层战略。公司层战略的核心是企业专有的一种商业模式，主要考虑企业发展的长期方向，帮助公司在同对手竞争中获得竞争优势，因而成为整个企业制订目标和计划的基础和依据。中小企业可以把自己的战略决策整体上看作一个层次，即公司层，待企业发展到一定规模后再逐渐过渡到三个层次的战略管理。

（2）企业战略决策的特点。在企业战略管理过程中，战略决策起着承前启后、继往开来的作用，对企业生存和发展将产生重大影响。其特点主要表现在以下四个方面：

第一，在竞争中以获取优势为目的。在一定条件下，企业的竞争优势可以通过不同的竞争方式获取，且表现在不同的竞争领域。其中，切合实际的有效的竞争定位是获取竞争优势的重要前提。

第二，以确定企业经营活动范围为首任。企业管理者必须明确选择企业是专业化经营还是多元化经营。对于这一问题的判断，直接影响到管理者如何界定企业的"界限"，以及对企业现状和未来的期望，也会影响到有关产品范围和覆盖地域等问题。一个企业组织的资源和经营活动要与其运营环境"匹配协调"。这是一个战略适应问题。战略适应是指设法识别经营环境中企业可以赖以生存的机会，对其配以相应的资源和能力，以充分利用这些机会，在此基础上，制定适宜的发展战略。为了实现这一目的，企业的正确"定位"（如企业现在何处、欲往何处以及如何前往等问题的定性）就显得特别重要。

第三，兼顾战略"适应"和战略"延伸"。战略"适应"是指对环境变化或游戏规则的一种适宜调整。例如，小型公司可能试图通过改变市场"游戏规则"来充分发挥自己的资源和能力优势，而这也是许多网络公司进入现有成熟行业时普遍采用的做法。大型跨国公司则更看重为那些有发展潜力的业务制定发展战略。战略"延伸"是指充分利用企业自身资源和能力，创造竞争优势或者产生新的机会。它强调的是在市场存在新契机时，能拥有相应的资源而从中受益，同时能识别创造新的市场机会的现有资源和能力。在战略规划与实施控制中，兼顾战略"适应"和战略"延伸"，使企业的资源和能力更有活力，创造机会或充分利用机会更有实效。

第四，重视战略评价与更新调整。①当需要对企业中的主要资源做出更改时，必须考虑公司现有资源能力与市场机会的适应程度，以及未来战略发展所需资源的可获得性和可控制性；②要充分考虑战略决策对营运决策的影响；③必须兼顾控股股东和有影响力的其他利益相关方（如金融机构、员工、客户、供应商和当地社区等）期望值的评议。

3. 企业战略的选择

公司层考虑的战略问题主要有：公司的战略范围、各项业务之间的关系和公司总部如何为各项业务创造价值等。作为母公司，它可以通过三种方式来创造价值：①通过开发业务单位间的协同效应来创造价值；②通过资源调配（如财务）来创造价值；③通过提供某种独特的能力（如市场营销或品牌建设等）来创造价值。

此时，应该避免出现的一种现象，即公司层的价值不但没有得到体现，还成为公司一种成本负担。同样，企业也面临着如何在业务单位层中开展竞争的战略选择。这就需要在了解市场和客户的基础上，识别企业所具有的竞争条件和特殊能力。随着时间的推移和环境等因素的变化，未来的战略选择可能向不同的方向发展。由于市场状况和各自的特点差异，企业也面临着不同战略方法的选择。战略发展方向和方法的选择非常重要，需要决策者仔细考虑。

事实上，在制定战略过程中，一个潜在的危险是管理者只考虑显而易见的行动方案，而对那些习以为常、关系微妙的方案重视不够。显而易见的方案往往不是最好的方案。这要看其符合实际情况的程度和评判标准如何。其评判标准主要有三个：①战略的适宜性，是否解决了企业的战略定位问题；②战略的可行性，是否具备实施战略所需的资源和能力；③企业的利益相关方对战略的接受程度，是否符合各方的共同利益并被理解。

第三节　企业在经济发展中的作用

一、促进经济的发展

企业的大量存在是经济发展的必然结果，是保持市场活力、维持经济运行、保障充分就业、保证正常价格的重要条件。无论在发达国家还是发展中国家，企业都是促进经济增长的重要组成部分。加快企业发展，能为我国经济长久稳定发展奠定坚实的基础。

企业是我国国民经济的重要组成部分，是国民经济发展中的重要力量。作为市场竞争机制的参与者，企业可以说是经济发展的基本动力，反映了经济多样化、分散化的内在要求。企业分布在国民经济的各个领域，对国民经济发展起到了补充和辅助的作用。

二、促进地方的发展

乡镇企业是增加地方财政收入，推动农村经济发展的重要财源。农村问题是我国经济发展中的重要问题，促进农村和农业发展对我国具有重要意义。乡镇企业能吸纳大量农村劳动力，将分散的农户集中起来实现大规模生产，这推动了我国农村城镇化进行，有利于社会稳定。农村城镇化、工业化是任何一个现代化国家在发展过程中不可逾越的历史阶段。

三、扩大社会的就业机会

当前各国都把就业作为宏观经济的主要目标。只有实现充分就业，才能为经济发展创造一个有序的环境，才能保持社会基本稳定。企业是增加就业的基本场所，是维持社会稳定的重要基础。企业具有面广量大、经营灵活、竞争激烈等特点，能创造大量的就业机会。

就业问题始终是制约我国经济发展和社会稳定的一个重要因素。我国人口众多，解决好劳动力就业问题是实现国家长治久安的根本保障。因此，形成企业在国民经济中的合理地位，有利于矫正现行的就业结构和产值结构的偏差，促进资源的合理配置，充分发挥我国人力资源数量多的特点，以此缓解就业压力。

中小企业是社会就业的主要承担者。随着现在企业的优化重组，大企业难以提供大量新的就业岗位，需要靠中小企业来解决这批人员的就业或再就业问题。推动中小企业的稳定发展，建立一支庞大的产业队伍，有利于缓解我国经济增长方式转变与扩大就业之间的矛盾，推动整个社会的政治、经济、文化的发展。

四、推动科技的创新

企业是科技创新的重要源泉，是国家科技进步的重要载体，是使科技尽快转化成生产力的重要推动力。当前我国企业正呈现出从传统劳动密集型向知识和技术密集型发展的趋势。企业经济较为灵活高效，能较快地把科学技术转换为现实生产力。尤其是我国的高新技术企业，在科技创新等方面的意识强、行动快、效果好，是名副其实的科技创新主力军。

改革开放以来的实践表明，哪个地区的中小企业发展快，哪个地区的市场就相对活跃。这是因为中小企业在创新中起到重要作用。充分利用中小企业灵活善变的优势，能对活跃市场起到事半功倍的效果。中小企业在经济改革中起到"试验田"的作用。中小企业改革成本低、运行简单、见效快、社会震动小，诸如兼并、租赁、承包、拍卖等企业改革的经验，往往是中小企业试行取得成效后，再逐步向大型企业推广的。因此，要重视中小企业的科技创新。

第六章 营销视角下企业经济管理的创新发展

〖✿ 〗〖✿ 〗

第一节 营销的核心概念及其重要性

一、市场营销的相关概念

第一，需要、欲望、需求。市场上的需要就是人的感受，人们在身心的某方面没有得到满足，就会产生需要。欲望就是人们的心愿，人们希望能够获取某种东西，从而使自身的需要得到满足。需求就是一种欲望，人们有足够的支付能力，并且可以作为人们的保证。对于企业来说，只有对人们的需求进行高度重视，并且进行仔细研究，才会对市场有着更准确的把握。

第二，产品。产品是一种载体，承载着人们的欲望和需要，无论是有形的产品，还是无形的产品，无论是精神上的产品还是物质方面的产品，其最重要的作用就是满足人们的需要和欲望，而其形态以及其他方面则并不是特别重要。

第三，效用、费用和满足。人们在选择产品时，除了会选择自己需要的产品以外，还会考虑产品的效用如何，以及价值如何。效用是一个相对主观的感受，是一个产品是否满足人们需要和欲望的能力。而价值则要更加复杂一些。

第四，交换、交易和关系。营销的发生通常是由于人们对某一种商品产生需要，然后决定进行交换。市场交换的要素，分别是：①买卖者至少要有两个；②所交换的产品必须是双方都认为有价值的东西；③交换双方可以决定自己是否接受产品，具有绝对的自由；④交换双方必须具有将货物传送给另一方的能力，同时交换双方必须能够进行信息的沟通和交流；⑤交换双方达成共识，都认为对方的产品是值得交换的。只有满足五个要素，交换才具备了发生的条件。但是并不是说上述五个条件都符合以后就一定会发生交换，交换最终能否成功还是取决于交换双方对于交换产品的条件以及价值是否认同。只要交换双方都认为交换可以使自身产生更大的满足，或者拥有更大的利益，最终交换就会发生。交换的基本单位是交易。

交换不等于交易，它是交易，但是又有着更广泛的内涵，交换就是建立关系，是一个过程。在市场中，市场推销员就是在尽力地进行关系的建立，这种关系是市场推销员和顾客、供应商等之间的关系，这种关系是逐渐建立起来的，是长期的关系、互利的关系、彼此信任的关系。通过建立关系来进行营销，最终会建立网络，这个网络是营销网络，包含了员工、顾客、零售商、供应商等，这个营销网络关系越完善，在市场的竞争中就越占优势。

第五，市场营销与市场营销者。市场营销者就是交换双方中更主动的一方，他们更重视交换的寻求。

二、市场营销的重要性

市场营销这种行为是企业进行的一种有目的的行为。市场营销包含很多对象，如服务、市场所需产品、人物、思想和观念都是市场中营销的对象。

在进行市场营销的过程中，主要的内容包括：对市场的环境进行分析，根据分析结果来选择自身的目标市场，之后对产品进行开发和定位，提供各种服务等。

交换是市场营销的核心内容。市场营销是为了实现企业的目标，所以在进行市场营销的过程中，消费者的需求需要被各大企业进行重点关注，只有满足消费者的需求，企业才会实现自身的目标。

第二节　市场营销计划与营销策略

一、市场营销计划分析

(一) 市场营销计划及内容

1. 市场营销计划的制订

现代营销管理，既要制定长期的战略规划，决定企业的发展方向和目标，又要有具体的市场营销计划，具体实施战略计划目标。因此，企业应依靠两个计划系统的支持，即战略计划系统和市场营销计划系统。

市场营销计划是针对每一项业务、产品线或品牌的具体营销方案与计划。战略计划决定了各战略业务单位的目标与方向，然后，每项业务还需要制订具体的营销计划。例如，战略计划认为某一个品牌有增长潜力，应发展该品牌，这时就需要制订该品牌具体的营销计划以实现战略目标。

市场营销计划包括长期计划和年度计划。

长期计划（五年计划）描述五年内影响该品牌的主要因素，五年的目标以及市场占有率、销售增长率等主要战略目标和投资计划等。

年度计划，即根据长期计划而逐年制订的详细计划，主要分析当前的营销环境，面临的机会与挑战，年度内的市场营销战略、计划项目、预算等。

2. 市场营销计划的内容

市场营销计划的内容，具体如下：

（1）计划概要。市场营销计划的概要是对本计划目标和内容做扼要概述。该项内容毋须过于细致复杂，因为具体目标与内容在计划的其他部分会有更具体的描述。

（2）目前市场营销形势。在这一部分，需要提供的内容主要包括与市场、产品、竞争、分销、宏观环境等方面相关的背景数据。

（3）机会与问题分析。这一部分，需要展现的内容是当下产品的主要机会、威胁、优势、不足和产品线等相关问题。

（4）目标。实现营销目标是营销计划的最终目的，是营销计划所有内容的服务指向。目标分为财务目标和营销目标两类，这两类目标都必须明确量化。

（5）营销战略与策略。营销战略与策略提供是计划目标实现的主要营销手段。它们的制定并非营销计划制订者的任务，而需要组织各个部门、领域的人员参与，如采购人员、制造人员、销售人员、广告人员、财务人员等；否则，等到产品下线才为其准备营销策略，会给企业带来严重的后果，如产品缺乏市场需求或出现定位偏差等。

一般而言，营销战略在营销计划中常以下列条目来加以描述：目标市场、产品定位、产品线、产品定价、分销网点、销售队伍、广告、销售促进、产品研发、市场调研等。

（6）行动方案。营销战略表明了企业为实现营销目标而明确的总体思路与措施。而行动方案则是开展营销行动的具体手段与途径，是实现营销战略与目标的根本保证。

（7）促销方案。包括针对经销商和针对消费者的两部分促销方案。

（二）市场营销控制的原则

市场营销控制原则，以适度为贯彻核心，不仅能够协调组织营销活动在目标、规模、组织等方面的资源，并将现有资源的创造潜能发挥出来，而且能够将营销风险调控到可控限度内，进而让组织更加稳定、更加持久地向前发展。

1. 目标匹配原则

要将营销规模和营销目标结合。在特定的营销目标约束下，营销规模过小不易达到组织目标，而营销规模过大，也会形成资源浪费，甚至给组织经营造成混乱，破坏组织形象。

2. 现金流动原则

现金流动原则指的是以当下组织可以承担的财务能力为依据组织当下营销活动所需要的资源，不能将组织的总财产情况作为营销决策、营销计划的规划依据。现金流动原则也是许多其他组织活动决策的主要依据之一。只有现金才是当前营销活动的经济基础，变现力弱的资产是不可以作为现阶段营销活动资金保障的。因此，组织总资产多并不表示它可以支持大规模的营销活动，而组织总资产少，现金多，却可以支持现阶段的规模较大的营销活动。

3. 例外事件原则

明确例外能够保持组织的灵活性，对于提高组织各个管理人员和营销人员的工作效率也有积极作用。例外事件原则强调未来营销计划的执行环境无法被管理者全盘地、精准地预测。

实际情况中，部分例外事件可以被归纳在营销计划的实施过程中，且不会对组织完成任务的能力产生负面影响，但有些例外事件会很大程度地改变组织营销活动的动向。解决这一问题的方法是在初期制定具体规划、明确标准时，要为未来不可控的例外事件设定包容空间。在预测营销活动最好和最坏的两极结果后，组织要将其视为整个营销活动产生波动的上限与下限。

另外，将决策权合理分配也是处理例外事件的有效途径，部分影响力较小的例外事件不会让组织目标产生剧烈波动，处于低层次的管理人员可以自行处理；当低层次的管理人员无法控制例外事件时，这些管理人员就要上报高层次的管理人员，让高层次的管理人员来处理这种例外事件。分配决策权的方法适用于处理任何例外事件，对提高各级管理人员的工作效率、节省管理人员的时间精力都有积极作用。

4. 持续发展原则

要保证营销活动持续发展。各个时期都存在营销活动，这些营销活动需要进行创新。不同营销活动之间既有关联，又各自独立。从总体来看，组织可按照一定的标准，如销售额、利润额的百分比或者竞争对等法等，确定组织的总营销费用，然后，按照每年的营销活动计划，把营销预算分配给各个营销活动。不同类型的组织对营销活动持续性的需求是不一样的，商业领域和日用消费品领域的经营者需要不断地进行各种营销活动。

5. 标准合理原则

市场营销控制标准要具备合理性，以便营销人员通过自身努力达到目标。一套合理的标准应该是富有挑战性的，并能鼓励员工表现得更好，而不是让人感到沮丧或动力不足。

二、市场营销策略分析

（一）产品的策略

1. 产品与产品组合的策略

产品，是能够提供给市场以满足人们需要和欲望的任何东西。产品在市场上包括实体产品、服务、体验、事件、人物、地点、财产、组织、信息和创意。产品的整体概念，应该包括五个层次：①核心利益；②基础产品；③期望产品；④附加产品；⑤潜在产品。

产品组合即产品品种的搭配，是一个特定的销售者与购买者的一组产品，它包括所有的产品线和产品项目。产品组合的衡量标准，可以分为产品组合的宽度、长度、深度和相关度。

产品组合状况，直接关系到企业销售额和利润水平，企业必须进行产品大类销售额和利润的评价与分析，同时做出抉择，是否对某些产品项目或产品线进行剔除或强化。产品利润水平和大类销售额分析，主要指的是对现行产品大类中不同产品项目提供的利润水平、销售额进行评价与分析。在对产品组合进行优化、调整时，企业可以从不同情况出发，对如下策略进行选择：

（1）扩大产品组合。扩大产品组合包括对产品组合的深度进行挖掘和对产品组合的宽度予以拓展。前者指的是将新产品项目增添至原有产品大类中；后者指的是将一个或几个产品大类增添至原有产品组合中，实现产品范围的扩大。

（2）缩减产品组合。在繁荣的市场环境中，很多企业都能因较宽、较长的产品组合收获更多盈利机会。不过，假如能源、原料供应紧张或市场不景气，适当对产品组合进行缩减，或许反而可以起到提升总利润的效果。

（3）产品延伸。任何企业的产品的市场定位都是特定的。产品延伸策略指的是，对公司原有产品的市场定位进行部分或全部改变。具体可采取如下三种措施：

第一，向下延伸，即企业原来对高档产品进行生产，之后也开始对低档产品进行生产。

第二，向上延伸，即企业原来对低档产品进行生产，之后也开始对高档产品进行生产。

第三，双向延伸，即企业原来对中档产品进行生产，在对市场优势进行掌握之后，决定将生产延伸向产品大类的上下两个方向，换言之，即生产低档产品，又生产高档产品，实现市场阵地的扩大。

2. 产品生命周期的策略

"产品生命周期"，指的是从进入市场到退出市场，产品的周期性变化过程。有的人可能认为，产品的使用寿命就是其生命周期，其实这是错误的，产品的市场寿命才是其生命周期。

在营销学者看来，市场导入期、市场成长期、市场成熟期和市场衰退期是产品市场生命周期需要经历的四个阶段。

（1）导入期的营销策略。导入期，指的是产品最初进入市场的时期，在这一阶段，产品销售量缓慢增长，存在较高的开发成本、较小的销售量。因此，在导入期，新产品仅仅是回收成本，通常无利润甚至负利润。

在刚刚被投入市场时，新产品的销售量不会"一日千里"，其增长是较为缓慢的，利润微薄甚至处于亏损状态。造成这一现象的原因是，企业未能形成全部生产能力，工人未能熟练开展生产操作，有着较高的废品、次品率，这些都使成本增加。同时，面对新产品，消费者也要经历一个从陌生到熟悉的认知过程，不会立刻接受新产品。所以，在导入期，企业采取的基本策略应当是对"快"字进行突出，从而让产品加快速度步入成长期。具体而言，企业可以对如下策略进行采用。

首先，快速撤取策略。企业在对新产品进行推广时，采用高促销、高价格的方式。高促销旨在尽快打开销路，让消费者广泛了解新产品；高价格旨在让企业更快收回成本，收获高利润。在开展高促销时，企业要利用多种促销手段，不断提升刺激强度，不仅要大规模开展广告宣传，也可以对特殊手段加以运用，诱导消费者试用新产品、购买新产品。例如，企业可以将样品赠送给消费者，或者在老产品中免费附送新产品样品等。

其次，缓慢掠取策略。企业在对新产品进行推广时，采用低促销、高价格的方式，旨在对最大利润进行赚取。因为低促销能够削减营销成本，而高价格则能让企业快速回本，获取高利润。

再次，快速渗透策略。企业在对新产品进行推广时，采用高促销、低价格的方式，旨在对最高的市场份额进行获取。因此，企业在低水平区间确定新产品价格，从而让更多的消费者对新产品予以认可。除此之外，还开展大规模促销活动，向更多的人传递有关新产品的信息，对其购买欲望进行刺激。

最后，缓慢渗透策略。企业在对新产品进行推广时，采用低价格、低促销的方式，旨在通过低价规避竞争，让消费者对新产品尽快接受，削减促销费用实现经营成本降低，让企业的利润得到保障。

（2）成长阶段的营销策略。成长期，指的是已经有大量消费者接受新产品的时期，在这一阶段，产品销售量上涨颇为迅速。因为销售量的扩大与上升，产品也渐渐显现出自身的规模效应，不断降低单位成本，开始持续增加自身销售利润。在经受住市场严峻考验后，新产品就步入了新阶段——成长阶段。成长阶段的特点：直线上升的销售量以及迅速增加的利润。因为产品已基本定型，所以大大降低了次品、废品率，有着畅通的销售渠道，这一切都极大地削减了产品经营成本，产品销售前景可谓一片光明。

在成长阶段后期，因为产品利润很高，所以将面临越来越多的竞争对手，产品之间的竞争将变得"白热化"。因此，成长阶段企业采取的营销策略，应当是对"好"字进行突出，尽最大努力对销售的增长速度进行维持，为产品的优良品质提供保障。具体而言，可以采用的策略包括：对产品品质进行改进、对新市场进行扩展、对产品与企业的地位进行强化、对产品的售价进行调整等。

在成长阶段，企业通常会站在"十字路口"，犹豫到底应当选择高利润还是选择高市场占有率。这二者看起来是矛盾的，因为如果想实现市场占有率的提升，企业就必须对产品进行改良，促使价格降低，投入更多营销成本，这些都会削减企业利润。不过，换个角度来看，假如企业能够对高市场占有率进行维持，就能在激烈的竞争中始终占据优势，处于有利地位，对今后的发展也是大有裨益的。虽然企业看似对眼前的高利润进行舍弃，然而在之后的成熟期阶段，还是能收获更多补偿的。

（3）成熟期阶段的营销策略。在这一阶段，因为该产品市场渐渐变得饱和，或出现了强有力的竞争品，所以销售量增长速度渐渐变缓，呈现下降态势。因为在这一阶段，企业想要对产品市场进行维护，会投入较多的销售费用，故而产品利润也渐渐下降。成熟期阶段的特点：产品销售时间长、销售利润高、销售数量多。不过，在这一时期的后半段，当销量达到顶峰后，就会渐渐回落，相对应的利润也会渐渐下滑。

针对成熟期阶段，企业在对营销策略进行制定时，应对"优"字予以突出。企业必须采取积极的进攻策略，而不能一味消极防御，要将产品的特定优势建立起来，并对之大力宣传，从而实现产品销售的增加，或使之保持稳定。具体而言，可以采用扩大市场、改进产品、改进营销组合等策略。

（4）衰退期阶段的营销策略。衰退期，在这一阶段，消费者转移了自身兴趣，市场也开始被竞争品、替代品逐步抢占，产品销售量将迅速下降，直至最终离开市场。衰退期阶段的特征很明显，即"快速下降的销售额、利润额"。一般来说，企业会处于微利境地，甚至无利可图。

具体而言，在这一阶段，企业应当基于"转"字采取营销策略。企业应当认识到，所有产品都不会"长盛不衰"，不可避免要走向衰退，而企业应当在这时对新产品积极开发，作好规划，让新产品顺利衔接，避免"青黄不接"的问题。除此之外，从市场形势出发，企业一方面要保证一定的生产量，从而对部分市场占有率进行维护，另一方面也要做好准备将产品撤下。所以，企业应当将营销费用逐步减少，从而避免利润严重下跌。

3. 新产品开发的策略

科技开发意义上的"新产品"，和市场营销学中的"新产品"，从含义来看并不能完全画等号，具体来说，后者有着更广泛的内容。具体而言，其包括模仿新产品、改良新产品、换代新产品和完全新产品。

"完全新产品"与科学技术开发意义上的新产品一致，其指的是全部利用新技术、新材料、新原理制成的产品，其功能是全新的，基本不会雷同于现有产品。通常而言，完全新产品代表着科学技术发展史上取得了新突破。

"换代新产品"应当在产品性能方面有着重大突破性的改进。因为各时期的换代新产品在材料、技术、原理方面具备一定的延续性，因此相对于对完全新产品进行开发，企业开发换代新产品是更为轻松的，付出的成本也相对较低。

"改良新产品"的改进是局部的，如产品包装、材料、颜色、结构、造型、性能等方面。通常来说，改良新产品不会从本质上改进产品的基本功能。纵观新产品开发，最多的当属"改良新产品"。

"模仿新产品"，人们往往用"地域性新产品""企业新产品"指代模仿新产品。具体来说，其指的是已经存在于市场中，企业却未生产过的产品，或已经存在于其他地区，本地却未生产过的产品。因为开发、生产这些产品，从本质来看都是模仿已有产品，因而其被称为"模仿新产品"。

新产品的开发程序，具体如下：

（1）创意的产生。创意的来源包括以下方面：

第一，顾客。从顾客的抱怨中，企业可以发现产品在哪些方面可以做出改进，从而产生新产品的创意。同时，通过对消费者行为的研究也可以得到很多创意。

第二，员工。企业的员工也是创意的重要来源。具有创造力的员工，通常会提出很多有意义的创意，企业如果把这些创意收集起来，那就能为企业带来很大的益处。

第三，专家。专家和学者的发明，也是企业新产品的重要来源。

第四，竞争者。企业通过对竞争者产品和服务的观察也可以获得创意。把竞争者的产品和服务与企业的产品和服务做对比，从而发现消费者喜欢竞争者产品和服务的原因所在，便可以得到提升企业产品的路径。

第五，经销商。经销商与消费者保持着密切的接触，他们能够很方便地获得关于消费者的第一手资料。与此同时，他们也很清楚地知道竞争者的发展情况。

第五，高层管理者。企业的高层管理者，能够接触到大量关于市场的信息，从而使他们也能够提出很多创意。

创意的其他来源还包括发明家、专利代理人、大学和商业性的实验室、行业顾问、广告代理商、营销研究机构和工业出版物。

（2）创意的筛选。企业不可能将所有的创意都付诸实施，因此，必须有一个对创意进行筛选的过程。

第一，创意筛选程序。企业通常需要设立一名专事创意筛选的经理，专门负责对各种创意的收集，在收集创意之后，要对其加以筛选，并划分为"放弃的创意""暂时搁置的创意"以及"有前途的创意"。之后，创意经理向创意委员会递交"有前途的创意"，并由其进行审核。最后通过审核的创意，将被企业付诸实施。

第二，创意筛选中的谬误。创意筛选过程中的谬误，会给企业带来或大或小的损失，因此，必须给予它们足够的重视。误舍谬误，主要是指企业将那些有缺点却很有价值的创意舍弃。误用谬误，主要是指企业将一个有错误的创意付诸实施。

第三，创意的分等。对于众多通过筛选的创意来说，企业必须找出那些有必要优先付诸实施的创意，这就涉及对创意的分等。创意的分等主要采用指数加权法进行。

（3）产品概念的形成。创意必须转化为市场可接受的产品概念才能为企业所采用，并且为进一步的产品开发打下基础。

第一，形成产品概念。产品创意是企业希望提供给企业并为企业所接受的一个可能产品的设想，而产品概念则是用有意义的消费者术语来表达的详细的构想。

第二，发展产品概念。通过上述步骤所形成的每一种产品概念都是一个类别概念。接下来的步骤是给每一个类别概念给予相应的市场定位。最后，产品概念发展成为品牌概念。

第三，产品概念测试。企业发展出来的产品概念要在目标消费者中给予测试，以查看该产品概念与市场的匹配度如何。在这一过程中，可以借助计算机绘制出未来产品的样子，随后让顾客发表对该产品的看法。对于秉持现代市场营销观念的企业来讲，必须在新产品开发过程中高度重视顾客的意见。

第四，组合分析法。组合分析法是区分消费者使用一个产品各种属性层次后所产生的效用价值的方法。它向被测试者显示这些属性在不同组合水平的各种假设供应体，要求他们根据偏好对各种供应体进行排序。其结果能被用于确定有最佳吸引力的供应商，估计市场份额和公司可以获得的利润等一系列管理工作中。

第五，制定营销策略。完成对产品概念的测试之后，还必须在产品开发之前，制定出新产品初步的市场营销计划。这包括三个步骤的工作：①描述目标市场的规模、结构和行为，所计划产品的市场定位，销售量，市场份额，产品投放市场最初几年内的利润目标；②描述产品的计划价格、分销策略和第一年的营销预算；③描述预期的长期销售量和利润目标，以及不同时间的销售战略组合。

第六，商业前景分析。企业必须对产品概念的商业前景做出估计。企业必须考查产品概念能否满足企业的战略目标，以期对产品概念做出进一步的取舍。

（4）新产品试制。新产品经过商业分析、市场分析后，就能步入下一个阶段——具体的开发试制阶段。"新产品试制"这一阶段十分关键，具体而言，前面几个阶段的各种活动，其实是一种构想，属于"纸上谈兵"，而新产品试制阶段，就是要将这种设想、构思落到实处，将设想的新产品变为实体产品，能够真正被顾客购买、消费。在这一阶段，企业必须对这些问题予以重视：生产出的试制品（即新产品样品）必须有着较强的普及意义。

具体而言，该试制品单单在良好的环境条件下能被正常使用还不够，应当能被正常使用于任何可能设想到的环境条件下；同时，企业也应当能够在正常成本水平、生产条件下对其进行生产，也就是能够对其进行批量生产，唯有如此，该产品才具有实际推广的价值。因此，一般来说，部分新产品的样品总是要经历实验室理化性能测试阶段或实地使用测试阶段。换言之，在某种恶劣环境条件下对新产品样品进行使用，检验其适应环境的能力；或是对新产品样品用某些仪器、设备进行破坏，从而对新产品抗破坏的限度进行检测。

（5）市场试销。当试制出一件新产品后，企业不应忙着将其推向市场。在被试制而出后，很多产品同样可能惨遭市场淘汰，难以被市场（或消费者）接受。虽然在前面几个阶段，企业付出了大量人力、物力、财力，做了许多工作，也直接对顾客展开调研，然而也要看到，消费者对实体产品的评价和其对设想产品的评价，其实是有一定偏差的，因此，实际试制出的产品也有可能不被消费者接纳。所以，企业应当尽可能降低这种可能性，防止对新产品批量生产后导致超乎预计的损失，具体做法就是"试销"。

实践中，市场试销的含义是多层次的，既包括针对产品价格的试销，又包括针对产品质量、性能的试销，还包括针对产品广告促销方式或销售渠道的试销。当然，从本质上看，市场试销就是测定消费者对新产品有何种反应。

利用试销，企业既能对新产品的品质进行改进，又能将行之有效的营销组合方案制定出来。不过，企业也要注意，并非所有产品都必须经过"市场试销"，像没有较大市场容量的高价工业品或有着昂贵价格特殊品，都可以将其直接推向市场。因为，市场试销面向的产品，主要是有着较大市场容量、较长市场生命周期、较广使用面积的产品。

（6）批量上市。纵观新产品开发过程，"批量上市"属于最后一个阶段。简单来说，"批量上市"就是在市场成批地对产品进行投放。步入这一阶段后，就代表新产品已经开始其产品生命周期。不过，新产品的批量上市不代表其开发已然获得成功。批量上市阶段恰恰是对新产品进行检验的关键时刻，看其是否真正被市场接受。假如策略有误，仍可能面临新产品难以被市场接纳，无法销售出去的风险。因此，企业一定要在多方面做出正确决策，如批量上市的方式、渠道、地点、时间等，合理、科学地进行营销组合。

良好的上市策划一般来说能够大大缩短部分新产品的市场导入期。所以，在组织新产品上市时，企业一定要高度重视，认真、细致分析市场环境条件，对时机进行准确把握，对方案加以精心设计，保障新产品顺利被市场接纳。

（二）品牌的策略

1. 产品品牌的策略

品牌，即某种特定的标志，能够对企业或产品进行识别，一般来说其构成于某种图案、记号、名称或其他识别符号。如今，市场上的产品有着许多的类别、品种，假如没有品牌的存在，便如同一个班级中的学生缺少学号与姓名，生产者无法对消费者进行吸引，难以使其对自己的产品进行购买，而消费者也难以有针对性地选购商品，以符合自己的偏好与需求。当今市场上，消费者往往通过"指名购买"对大多数商品进行消费，"指名购买"也成为消费的必要形式，所以，品牌的地位是至关重要、必不可少的。

可供企业选择的产品品牌策略，主要包括以下六种：

（1）品牌有无策略。企业首先要对是否创建品牌做出抉择。产品是否使用品牌要视企业产品的特征和战略意图来定，大多数产品需要通过品牌塑造来提升其形象。但有些产品则没有必要塑造品牌，这包括：①大多数未经加工的原料产品，如棉花、矿砂等；②同质化程度很高的产品，如电力、煤炭、木材等；③某些生产比较简单，选择性不大的小商品，如小农具；⑤临时性或一次性生产的产品。这类产品的品牌通常效果不大，因此，企业不塑造品牌反而可以为企业增加利润。

（2）品牌使用策略。企业在决定了使用品牌之后，还要决定如何使用品牌。企业通常可以在三种品牌使用策略之间进行选择，它们包括：①制造商品牌策略，企业创立品牌，从而赋予产品更大的价值，并从中获得品牌权益；②经销商品牌策略，实力强大的经销商会倾向于树立自己的品牌，而实力弱小无力塑造品牌的小企业则通过代工来盈利；③混合策略，企业对自己生产的一部分产品使用制造商品牌，而对另外一部分产品则使用中间商品牌，这种策略可以使企业获得上述两种策略的优点。

（3）统分品牌策略。如果企业决定使用自己的品牌，那么还要进一步在使用单一品牌和使用多品牌之间做出抉择。

第一，统一品牌策略。企业对所有产品均使用单一的品牌。例如，海尔集团的所有家电均使用海尔品牌。单一品牌策略可以使企业的品牌效用最大化，使不同的产品都享受到品牌所带来的声誉，并建立企业对外统一的形象。但单一品牌也可能由于某些产品的失败而受损。

第二，个别品牌。企业对不同的产品使用不同的品牌。这种策略避免了品牌由于个别产品失败而丧失声誉的危险，同时有助于企业发展多种产品线和产品项目，开拓更广泛的市场。这种策略的主要缺点是品牌过多，不利于发挥营销上的规模性。这种策略适用于那些产品线很多、产品之间关联性小的企业。

（4）品牌延伸策略。品牌延伸策略是指企业利用已有的成功品牌来推出新产品的策略。这种策略可以借助成功品牌的声誉将新产品成功地推向市场，节约了企业市场推广的费用，但新产品的失败可能给原有品牌的声誉带来影响。

（5）多品牌策略。多品牌策略是指企业为一种产品设计两个或两个以上的品牌。主要优势在于：①可以占据更多的货架空间，从而减少竞争者产品被选购的机会；②可以吸引那些喜欢求新求异而需要不断进行品牌转换的消费者；③多品牌策略可以使企业发展产品的不同特性，从而占领不同的细分市场；④发展多种品牌，可以促进企业内部各个产品部门和产品经理之间的竞争，提高企业的整体效益。

（6）品牌重新定位策略。由于消费者需求和市场结构的变化，企业的品牌可能丧失原有的吸引力。因此，企业有必要在一定的时期对品牌进行重新定位。在对品牌进行重新定位的时候，企业需要考虑两个问题：①将品牌从一个细分市场转移到另外一个细分市场所需要的费用，包括产品质量改变费、包装费及广告费等；②定位于新位置的品牌的盈利能力。盈利能力取决于细分市场上消费者人数、平均购买力、竞争者的数量和实力等。

企业需要对各种对品牌进行重新定位的方案给予认真的考查，以选择盈利能力最强的企业来实施。

2. 产品包装的策略

产品的包装，通常是指产品的容器、包装物和装潢的设计。

产品包装，一般包括三个层次：①基本包装，即商品的直接容器和包装物；②次级包装，即基本包装外层的包装；③运输包装，为了运输的安全和方便而加于产品之上的包装。

对于企业来说，可供其选择的包装策略包括以下七种：

（1）类似包装策略。类似包装策略是指企业在各种类型不同的产品上使用外形类似、图案类似、具有共同特征的包装，从而使企业各种产品具有统一类似的包装。从而使消费者从外观上就可以直接判断出企业的系列产品。类似包装策略的优点在于：壮大企业声势，扩大企业影响，特别是在新产品初次上市时，可以借助于企业原有的声誉迅速让消费者接受新产品；类似的包装反复出现，无疑增加了企业形象在消费者面前的曝光率，客观上起到了宣传企业产品的效果；采用类似包装可以节省包装设计和印刷成本。

（2）差异包装策略。企业对不同的产品采用风格各异的包装，从而将不同市场定位、满足不同目标市场需求的产品区别开来。这种策略的优点是一个产品的失败不会波及企业的整体形象，却增加了企业的成本。

（3）配套包装策略。配套包装策略是指企业把两种或两种以上在消费上具有关联性的产品放在一个包装内出售。这种关联性可表现在使用、观赏或自身系列配套等方面。配套包装策略可以方便消费者的购买和使用，并且还可以帮助企业促销滞销的产品。但是，企业需要注意的是产品的搭售不要引起消费者的反感，或者损害消费者的利益。

（4）重复使用包装策略。重复使用包装策略是指产品的包装在产品被使用之后，可以移作他用。这种包装策略可以引起消费者的购买兴趣，移作他用的产品包装也可以起到宣传企业产品的效果。

（5）等级包装策略。等级包装策略是指企业根据产品的档次和价格给予其不同的包装。这些不同的包装在成本上具有很大的差别，可以丰富消费者的选择。

（6）更新包装策略。更新包装策略是指用新的包装来代替老的包装。这种策略常常在企业的销售陷入困境时使用，包装的更新就像产品的更新一样，能够给消费者以耳目一新的感觉。在一般情况下，一个企业的品牌和包装要保持稳定性。但是，当出现以下三种情况时，企业需要更新包装：

第一，产品的质量出现了问题，给消费者留下恶劣的影响。

第二，竞争者太多，原有包装不利于打开销售局面。

第三，原包装使用时间过长，使消费者产生了陈旧感。

（7）附赠品包装策略。附赠品包装策略是指企业在包装中附赠小礼品，来吸引消费者购买和重复购买以扩大产品销量的包装策略。附赠品包括玩具、图片、奖券等，这种策略常被用来开发儿童、青少年或低收入者市场。

（三）定价的策略

1. 定价的方法

定价的基本方法，是指为实现定价目标而采用的具体手段。影响商品价格的因素很多，但在现实生活中，总是侧重某一个因素。

（1）成本导向定价法。成本导向定价法是以卖方意图为中心、以成本为基础的定价方法。定价时，首先要考虑收回企业在生产经营中投入的成本，然后再考虑取得一定的利润。属于这类定价方法的有成本加成定价法、边际成本定价法和损益均衡定价法。

第一，成本加成定价法。成本加成定价法是一种用于确定产品或服务价格的方法，它基于生产或提供产品/服务的成本，并在成本上加上一定的利润率以确保盈利，这种方法通常用于制造业和服务业，以确保企业覆盖其生产成本并实现盈利。

第二，边际成本定价法。边际成本定价法是指企业在定价时只考虑变动成本，不计算固定成本，而以预期的边际贡献适当补偿固定成本。预期边际贡献是指预计的销售收入减去变动成本后的收益。因为在生产能力之内，无论企业生产多少数量的产品，所产生的固定成本都是一样的。

采取边际成本定价是有条件的，最主要的条件是：市场萧条期企业产品供过于求，企业在价格上若不采取灵活措施，可能会因没有市场而造成停产，企业将承担固定成本的全部损失。另外，如果企业除满足原市场需求外，仍有剩余生产能力，企业可采取边际成本定价为新市场服务。但新市场与原市场必须是彼此隔绝的，即不会形成新市场向原市场的转手倒卖。这种做法只能是短期的，在总销售额中不应占较大比重。

第三，损益均衡定价法。损益均衡定价法又称目标利润定价，是以产品的损益均衡或目标利润为依据的定价方法。当产品的销售量达到一定水平时，产品的收入与成本相等，即损益均衡。若销售量低于该水平，企业收不抵支，出现亏损；若高于该水平，收大于支，产生收益，即目标利润。在总成本和总收入线之间的虚线截距就是目标利润。

采用损益均衡定价，可以帮助企业决定最低价格以抵补预计的成本和取得目标利润，但是这种方法没有考虑到价格和需求之间的关系。它根据预期的销售量来确定价格，但价格恰恰是影响销售量的重要因素。因此，企业在运用这种方法定价时，还必须考虑到每个可能的价格实现预计销售量的可能性。

（2）需求导向定价法。需求导向定价法指的是基于服务或产品的社会需求状态，对企业市场竞争状态和营销成本进行综合考量，继而对营销价格进行制定或调整的方法。现实中，很多因素都密切关联于社会需求，如服务或产品项目的需求价格弹性、消费者的收入水平与消费习惯等，面对这些因素，企业有着不同的重视程度，所以也形成了如下具体的需求导向定价法：

第一，习惯定价法。消费者在长期购买、使用某些服务或商品的过程中，已经习惯于接受其价格水平与属性。所以，企业在开发新品种、新产品时，如果未改变产品的用途、基本功能，一般来说，消费者都只愿意在购买产品时支付和以前一样的价格。所以，对这类服务或产品进行经营时，企业切记不要随意对价格进行改变，如果价格突然上涨，很可能对产品的市场销路产生影响；如果价格莫名"缩水"，也可能令消费者对产品质量产生怀疑。

第二，认知价值定价法。认知价值定价是按照买主对产品价值的认识来确定产品价格。这种定价方法与现代市场定位思想相适应，它强调产品价格的高低不取决于卖方的成本，而取决于买方对产品价值水平的理解程度。定价时，它要求以买方所能接受的价格来确定产品的价格。如果以高于买方所能接受的价格来销售产品，会造成滞销；而以低于买方所能接受的价格，则会使自身利益受到影响。采用这种定价方法，关键是必须合理地测定和分析市场上买方对产品价值的理解水平。在确定了市场上买方所能接受的价格之后，再根据此价格倒推出产品的批发价格和出厂价格。

第三，反向定价法。反向定价法，指的是企业分析并明确能够被消费者接受的最终销售价格，在对自己从事经营的成本、利润加以计算后，逆向将产品的零售价、批发价推算而出。这种定价方法的主要依据并非实际成本，而是基于市场需求进行的，主要目的是尽可能让消费者接受最终销售价格。分销渠道中的零售商与批发商大多采用反向定价法。

2. 新产品定价的策略

（1）撇脂定价策略。撇脂定价策略是指企业在新产品上市初期以高价销售，以后随着市场情况的变化而降低销售价格的策略。其目的是在尽可能短的时间内获得尽可能多的利润，以收回投资。采取这种策略，是利用消费者的求新心理，通过高价刺激需求，适合于需求弹性很小、市场生命周期较短、款式色彩翻新较快的时尚性产品。撇脂定价还有一个优点：高价小批量地逐步推进战略，能让企业随时了解市场反映，采取对策，避免新产品大批量生产带来的风险。撇脂定价策略若运用得当，可以为企业带来丰厚的利润，但撇脂定价策略应用的前提是产品必须能吸引消费者，也就是产品要有新意。其缺点是：新产品价格过高，难以开拓市场，同时，高价策略很容易招来竞争者。

（2）渗透定价策略。渗透定价策略是指在新产品投放市场时将产品的价格定得较低，借以获得尽可能高的销售量和扩大市场占有率的策略。实行渗透定价是避免激烈竞争或低价挤入市场的有效方法。对需求弹性较大的非生活必需品，尤其是技术密集型生产资料和工业消费品，试销一般成本较高，为了尽快地进入市场，适宜采用渗透定价策略。其缺点是：投资回收期长、见效慢、风险大，一旦渗透失利，企业就会一败涂地。

3. 产品组合定价的策略

（1）产品线定价。一般来说，企业开发出的并非单一产品，而是产品线。当企业生产的系列产品在成本与需求方面存在内在关联性时，为充分发挥这种关联性的积极效应，企业可以采用产品线定价策略。

具体而言，在定价时，要做到：①对某种产品线中其他产品进行确定；②对产品线中某种产品的最高价格进行确定，这种产品在产品线中，扮演的是收回投资和品牌质量的角色；③对于产品线中其他产品，企业也要从其在产品线中扮演的角色出发，有针对性地对其进行价格制定。

在很多行业，营销者都会事先确定好产品线中某种产品的价格点。

（2）非必需附带产品定价。在对主要产品进行提供时，很多企业也会对密切相关于主要产品的附带产品进行提供。如汽车用户可以订购电子开窗控制器、扫雾器和减光器等。但是，对非必需附带产品的定价是一件棘手的事。例如，汽车公司就必须考虑把哪些附带产品计入汽车的价格中，哪些另行计价。因此，企业应当从购买者的偏好、市场环境等因素出发，认真、全面、深入地展开分析。

（3）必需附带的产品定价。必需附带的产品又称连带产品，是指必须与主要产品一起使用的产品。例如，胶卷和照相机、计算机和软件等，都是无法分开的连带产品。生产主要产品（计算机和照相机）的制造商经常为产品制定较低的价格，同时对附属产品制定较高的价格。

3. 价格折扣定价的策略

价格折扣是企业为了更有效地吸引顾客、扩大销售，在价格方面给予顾客和销售商的优惠。折扣定价策略分为以下内容：

（1）数量折扣。它是根据顾客购买数量或金额的多少分别给予不同比例的价格折扣。

即购买的数量越多，金额越大，折扣也越多。它又分为一次性折扣和累计折扣。

第一，一次性折扣。一次性折扣是按照买主一次性购买产品的数量或金额的多少来确定不同折扣的策略。一次性购买的数额越多，折扣也越多。此策略有利于鼓励消费者增加购买量，吸引流动消费者。

第二，累计折扣。累计折扣是按照买主在一定时期内购买产品的数量或金额累计数给予不同折扣的定价策略，累计购买的数量越大，折扣也越多。此方法有利于吸引老顾客，使企业与老顾客保持长期稳定的关系。

（2）现金折扣。现金折扣就是当顾客提前付清购买商品的款项时，供货方给予顾客的一种折扣。现金折扣一般在生产厂家与批发商或批发商与零售商之间进行。采用现金折扣一般要考虑折扣的比例、给予折扣的时间限制以及付清全部货款的期限。这种定价策略适用于价格昂贵的耐用消费品，尤其适用于采取分期付款的商品。

（3）季节折扣。季节折扣是生产厂家为了维持季节性产品的全年均匀生产而鼓励批发企业淡季进货的一种定价策略。

（四）分销渠道的策略

分销渠道，指的是为帮助服务或产品顺利通过市场交换过程，转移给用户（消费者）消费的相互依存的整套组织。

广义的分销渠道，是对厂商销售的产品以及生产产品所需要的原料零件进行运输、仓储、分送、调剂的通路及相应为之服务的组织与环节。

狭义的分销渠道，是指顾客购买商品的起点与场所，即商品所有权从厂家向商家、顾客转移的过程，期间经历了批发与代理等各种经销商、零售商等，也有不少商品不经过经销与零售等中间环节，直接销售给顾客。

1. 营销中介机构的三个类型

营销中介机构按所有权的归属，可被分为三大类：经销中间商、代理中间商和辅助机构。

（1）经销中间商。经销中间商就是"经销商"，如零售商、批发商等，指的是在商品流通过程中，获得商品所有权，又对商品进行出售的营销中介机构。工业品经销商也属于经销中间商，主要是向消费者直接出售耐用消费品或工业品。一般情况下，工业品经销商会与自身供应者之间保持长期稳定的关系，同时会在某个特定区域内，享有独家经销权。

（2）代理中间商。在商品流通过程中，代理中间商有时参与对顾客的寻找，有时也作为生产厂商代表，和顾客谈判，不过，其并不拥有商品所有权，所以不用对商品资金进行垫付。通常来说，代理中间商是根据商品销售量获得一定比例佣金，以此作为报酬。经纪人、佣金代理商、采购代理商、销售代理商、企业代理商是较为常见的代理中间商。

（3）辅助机构。辅助机构既不拥有商品所有权，也不对买卖谈判进行参与，仅仅发挥对产品分配的支持作用。在辅助机构中，"配送中心"是非常重要的形式，其主要负责集中储存商品，继而依照销售网点所需，不定期或定期组配商品，并对其进行发送。如今，现代连锁业发展迅速，故而企业应当尤为重视配送中心的作用。除此之外，广告代理商、银行、独立仓库、运输公司等也属于辅助机构。

2. 企业分销渠道设计

分销渠道设计是企业对关系其长期生存和发展的分销模式、基本目标及管理原则所做的规划、选择与决策。其基本目标是向目标市场有效地传达重要消费者价值。企业进行渠道设计需要两个前提：①有清晰的产品或服务概念可以提供给顾客；②产品或服务必须有明确的目标市场。

如果制造商需要从渠道设计方案中挑选最佳方案，那么每一渠道设计方案都必须从以下方面进行考量：

（1）经济性标准。每一个方案都有其特定的成本和销售额，首要问题是利用本公司的推销部门还是销售代理商，到底谁带来的销售额更高。许多制造商认为，公司推销员的销售业绩更佳，因为他们专注于推销公司的产品，他们在推销本公司产品方面受过良好的训练；由于他们的未来与公司的前途有密切的关系，所以比较积极肯干，他们成功的可能性较大，因为消费者更愿意与制造商直接打交道。

（2）控制性标准。对销售代理商进行使用，很可能滋生控制问题。其原因在于，销售代理商属于独立机构，旨在让自己拥有最大化的利润，所以，它不会在制造商的产品上集中注意力，而是在消费者最想购买的商品上集中注意力。

应当综合分析全部备选方案，从中选择最优化的方案，确保获得最佳成效，这在理论上行得通，但在实践中很难实现，因为这要求设计者对一切可能因素进行考虑，将全部可能方案列出，如此必将耗费高昂成本。所以，这里说的最佳方案，指的是已经列出的方案中的最优选择，其能够较为合理地对渠道的任务进行分配。

第三节　网络营销及其对企业经济管理的作用及创新

一、网络营销

互联网营销也称为网络营销，就是以国际互联网络为基础，利用数字化的信息和网络媒体的交互性来实现营销目标的一种新型的市场营销方式。

（一）网络营销的基本特点

随着互联网技术的成熟以及互联网成本的降低，互联网就像一种"万能胶"，将企业、团体、组织以及个人跨时空联结在一起，使其之间信息的交换变得"唾手可得"。市场营销中最重要也最本质的是组织和个人之间进行信息传播和交换。如果没有信息交换，那么交易也就是无本之源。正因为如此，互联网具有营销所要求的某些特性，使网络营销呈现出以下特点：

1. 网络营销的时域性

营销的最终目的是占有市场份额，由于互联网能够超越时间约束和空间限制进行信息交换，使营销脱离时空限制进行交易变成可能，组织有了更多时间和更大的空间进行营销，可每周 7 天，每天 24 小时随时随地地提供全球性营销服务。一方面，互联网上的营销可由提供商品信息至提供收款、售后服务，是一种全程的营销渠道；另一方面，建议企业可以借助互联网将不同的传播营销活动进行统一设计规划和协调实施，以统一的传播资讯向消费者传达信息，避免传播资讯的不一致性产生的消极影响。

互联网营销还突出了公平性，在网络营销中所有的企业都站在同一条起跑线上。公平性只是意味给不同的组织、不同的个人提供了平等的竞争机会，并不意味着财富分配上的平等。

2. 网络营销的富媒体

互联网被设计成可以传输多种媒体的信息，如文字、声音、图像等信息，使为达成交易进行的信息交换能以多种形式存在，可以充分发挥营销人员的创造性和能动性。富媒体定向投放技术可以让客户对希望投放广告的时间、区域、网页 URL、网页关键词、搜索引擎关键词等进行有针对性的营销信息投放，让企业的营销信息更加吸引顾客。

3. 网络营销的交互式

互联网通过展示商品图像、提供商品信息资料库查询来实现供需互动与双向沟通，还可以进行产品测试与消费者满意调查等活动，为产品联合设计、商品信息发布以及各项技术服务提供最佳工具。

互联网营销的交互式，是通过对消费者需要和欲望的研究，找出这种需要和欲望，并且给消费者搭建满足这种需要和欲望的舞台，让消费者自己进行自我培训和教育，通过其自身的完善和进步去影响其他消费者，把部分消费者从顾客转变成经营者，并让经营者在公司固定店面内或外，或消费者家里、办公场所，或消费者指定的地方，把消费性商品和服务推广或销售给最终顾客的营销方式。

4. 网络营销的个性化

互联网上的促销是一对一的、理性的、消费者主导的、非强迫性的、循序渐进式的，而且是一种低成本与人性化的促销，避免推销员强势推销的干扰，并通过信息提供与交互式交谈，与消费者建立长期良好的关系。

互联网营销个性化体现在时空的个性化。互联网营销突破了传统营销在时间上和空间上的限制。在时间上，网络营销可以提供全天候的 24 小时服务，用户可以根据自己的时间安排接受服务。地点上则利用互联网技术实现远程服务和移动服务。互联网营销方式也呈现出个性化，企业可以通过互联网提供更具特色的服务。

5. 网络营销的超前性

互联网是一种功能最强大的营销工具，它同时兼具渠道、促销、电子交易、互动顾客服务，以及市场信息分析与提供的多种功能。它所具备的一对一营销能力正符合定制营销与直复营销的未来趋势。在高效性上，计算机可储存大量的信息，代消费者查询，可传送的信息数量与精确度远超过其他媒体，并能应市场需求，及时更新产品或调整价格，因此能及时有效地了解并满足顾客的需求。

6. 网络营销的经济性

通过互联网进行信息交换，代替以前的实物交换，一方面，可以减少印刷与邮递成本，可以无店面销售，免交租金，节约水电与人工成本；另一方面，可以减少由于迂回多次交换带来的损耗。在技术上，网络营销大部分是通过网上工作者，通过他们的一系列宣传、推广，这其中的技术含量相对较低，对客户来说是小成本、大产出的经营活动。

（二）网络营销的基本方式

随着互联网时代的兴起，互联网营销已经成为 21 世纪营销模式的新宠。网购盛行，传统企业的单一市场营销手段很难开辟更广阔的市场，而互联网营销带给了企业新的发展契机。

1. 颠覆式网络营销

颠覆式营销只是思维方式上的逆转，是跟旧的逻辑方式和秩序相违背的思考方式，是一种反传统的，始终强调创新，改变格局，具颠覆性创新性意义的理论加实践的营销方式。企业应跳出普通层面，以高端的商业策划为指导，突破常规网络营销方法，创造出独特、新颖、创意、吸引、持久的颠覆式网络营销方法，才能实现网络营销效果。

2. 整合网络营销

网络营销是企业整体营销战略的一个组成部分，是为实现企业总体经营目标所进行的，以互联网为基本手段营造网上经营环境的各种活动。这个定义的核心是经营网上环境，这个环境在这里可以理解为整合营销所提出的创造品牌价值的过程，整合各种有效的网络营销手段制造更好的营销环境。

3. 社会化网络营销

社会化网络营销是新兴的以人际关系为核心的社会化网络与传统的论坛结合起来构建的更为强大的网络社区。社会化网络营销是集广告、促销、公关、推广为一体的营销手段，是典型的整合营销行为，只不过是在精准定位的基础上展开的，偏重于口碑效应的传播。创意、执行力、公信度、传播面样样都要出彩；同时，要树立"精品意识"，减少"互动参与"的疲劳。

二、网络营销对企业经济管理的作用分析

(一) 企业创造更多市场

网络营销可以突破以往营销活动在时间、空间等方面的限制，对于企业而言，可以借助网络途径实现 24 小时的营销，通过这种方式，企业可以创造出更多的市场机会。在当前网络技术、数字化信息化技术快速发展和应用背景下，企业甚至可以将自己的产品推向全世界，所开发出的市场，是传统营销方式无法达到的，企业市场也因此得到不断扩张。再者，网络营销可以充分适应企业需求，消费者方面的需求也可以得到有效满足，借助网络营销这一全新的形式，可以将更多新客户、消费者吸引过来，对于消费者而言，利用网络消费方式也可以节省大量的时间，自身消费过程得到了极大便利，因此网络营销也会对消费者的消费活动产生一定的促进作用。

（二）企业降低交易成本

在当前阶段网络经济发展过程中，相比于市场交易而言，网络交易具有更低的成本，主要原因在于：市场各个主体可以对信息网络进行利用，各种信息可以在短时间内完成收集，并快速处理和分析收集到的信息。在这样的条件下，各个主体可以将信息网络、物质资源有效运用起来，充分结合信息网络、物质资源等内容，从而达到相应的互补效应。

另外，借助发达的网络技术，可以在很短的时间内完成对交易信息的传递，可以将充足的便利提供给各个交易主体。营销活动突破了时间、空间上的限制，从而在很大程度上降低了交易成本。

（三）企业改善客户关系

在当前市场环境下竞争逐渐激烈起来，对于所有企业而言，都需要遵循"客户就是上帝"这一经营理念。在各个企业中都是将客户作为出发点，对客户的要求尽可能满足，这样才能够在市场中稳固自身的地位。企业在实施网络营销手段以后，可以在网络中发布自身的订货情况、技术水平、服务产品、商品等方面的信息，从而将各种信息详细地传递给客户，将快捷、方便的渠道提供给客户。

借助网络营销手段，可以有效打破时间、空间等方面的限制，在企业营销服务中，可以将客户的个性充分展现出来，企业、客户之间的关系得到了明显增强，客户忠诚度也显著提高。在现阶段国内外企业中，都开始大力推行、推广客户关系管理工作，在企业管理工作中，客户关系管理逐渐成为一个重要环节，该项工作的主要目的是在营销管理过程中将客户作为中心。借助网络营销手段，可以有效提高客户关系管理工作效率，企业在当前互联网环境下可以更加方便地了解客户需求，并且可以迅速做出决策。

三、网络营销与企业经济管理的创新发展

（一）合理的市场定位

在中小型公司发展过程中，如果想要在网络营销领域获取一定的收益，就需要先深入了解网络营销这种全新的手段，进行科学、全面的评价，将当前阶段网络营销领域的发展规模、发展前景作为依据，对自身做出准确定位，保证将自身所具有的优势作用发挥出来，实现对线上营销活动的切实开展。将互联网中的海量信息资源作为依托，可以将丰富的渠道提供给线上营销工作。在消费者方面，通常会在市场中占据着主导地位，因此也会

对公司提出全新的标准。在中小型公司方面，需要保证对自身做出准确定位，从而保证自身的销售水平、知名度等能够在网络营销大环境下得到提升。

（二） 树立科学的营销理念

科学的营销理念，就是指需要充分符合企业当前实际情况，并且可以跟上时代发展步伐的销售理念。网络营销具有非常大的发展潜力，网络客户群体也具有很大的潜力有待企业进行挖掘。在现阶段中小型公司中，需要建立起合理的营销思路，详细了解广大消费者群体的偏好、需求，并对相关信息进行广泛采集，借此实现对消费者数据库的构建，借助大数据分析将合适的商品、服务内容提供给消费者，同时对售后这一关键点进行重点建设。

（三） 培养网络营销的人才

人才是公司进步的核心力量，属于一项不可缺少的要素，在所有技术发展、方案整合过程中，都需要有人才的参与。因此，在企业方面，需要为人才的流入增加更多资源投入，将企业自身发展理念作为出发点，对各个方面的人才进行积极培育。因为要对企业网络营销领域发展进行切实有效的推动，针对与此相关的员工，都需要做到对丰富的网络知识进行掌握，并且需要具备相应的技术能力，可以借助网络随时随地推广企业文化的内涵。

在销售人员方面，需要对潜在的用户群体进行充分发掘，将优质的服务体验提供给这些用户，从而逐步打响企业品牌所具有的知名度。因此，在中小型公司方面，需要充分重视储备大量的综合型人才，让这些人员掌握丰富的营销知识，同时做到随时关注市场经济未来发展方向。同时，我们需要充分重视引进网络营销方面的人才，做好充足的人才储备。通过对电子商务相关专业人才进行招聘，针对新入职的毕业生，开展营销知识、技术等方面的培训工作，对各项激励措施进行完善制定，不断鼓励新员工积极对新知识进行学习，对员工的素养、营销能力进行持续提升。

（四） 创新网络营销的手段

在当前时代背景下，创新精神是最核心的精神，一家企业想要实现持续的进步，创新是最重要的动力源泉。在当前社会市场营销工作中，网络技术是其中的关键工具，而各种智能手机也在迅速更新换代，在人们的日常生活中，智能手机等互联网终端设备逐渐普及，成为不可缺少的一部分。在当前阶段中小企业发展过程中，越发开始重视如何将消费者注意力快速吸引过来，从而带动消费者的消费行为。想要实现这一目标，就需要不断创新，通常会采取以下两方面措施：

首先，对营销方法进行改良，对企业自身营销特色进行着重强调，对宣传链接做出优化，从而增加点击率，提升链接的访问频次。

其次，将现有的平台利用起来，与百度、搜狗等知名搜索引擎建立合作，从而促进企业品牌知名度的进一步扩大，充分利用微信公众号、微博平台等软件平台，加强与消费者群体之间的联系。

第七章　财务视角下企业经济管理的创新发展

第一节　财务管理及其在经济管理中的作用

一、财务与财务管理的认知

（一）财务的解读

财务源于公有财产日渐稀少，私有财产观念萌芽的出现，是伴随着商品货币的产生而产生，并随着市场经济的发展而发展的重要经济范畴。

财务是组织财务活动处理财务关系的统称，企业财务是企业在再生产过程中客观存在的企业财务活动及其所体现的经济利益关系的总称。财务活动是通过资金运动体现出来的，它的基本构成要素是投入和运用着的企业资金。资金是财产物资价值的货币表现（包括货币本身）。资金要素能够反映运动者的价值，其实质是在生产过程中运动者的价值。

在市场经济条件下，产品依然是使用价值和价值的统一体。一切经过劳动加工创造出来的物质资源都具有一定的价值，它既包括物化劳动耗费的货币表现，又包括活劳动耗费的货币表现。

在再生产过程中，物质资源价值的货币表现就是资金，企业在从事生产经营活动的同时，客观上必然存在着资金及其资金运动。企业的目标就是要不断创造价值。在创造价值过程中，存在着以下两种不同性质的资金运动：

第一，以实物商品为对象的实物商品资金运动。在企业的商品资金运动过程中，现金资产转化为非现金资产，非现金资产转化为现金资产，这种周而复始的流转过程无始无终、不断循环，形成实物商品的资金运动。

第二，以金融商品为对象的金融商品运动。金融商品可理解为各种能在金融市场反复买卖，并有市场价格的有价证券。企业买卖金融商品的过程是不断进行、周而复始的，形成金融商品的资金运动。在企业的实物商品与金融商品的资金运动过程中，必然体现为一种价值运动，这种价值运动称为资金运动。

（二）财务管理的核心

"财务管理是以现金收入和支出为主要内容的企业收支活动，其核心是成本管理和收入管理。财务管理是对企业的管理职责、财务目标、经营方针的分析与确定，同时在财务管理过程中实现其所有管理职能的活动。其主要内容贯穿在企业的全部活动中，它的实施需要全体员工积极参与并承担一定的责任。"[①]

财务按照财务活动的不同层面可以分为三大领域：①宏观领域中通过政府财政和金融市场进行的现金资源的配置。现金资源的财政配置属于财政学的范畴，现金资源的市场配置通过金融市场和金融中介来完成。②中观层面上的现金资源再配置，表现为现金资源的所有者的投资行为，属于投资学的范畴。投资学研究投资目的、投资工具、投资对象、投资策略等问题，投资机构为投资者提供投资分析、投资咨询、投资组合、代理投资等服务。③微观层面上的企业筹集、配置、运用现金资源开展营利性的经济活动，为企业创造价值并对创造的价值进行合理分配，形成企业的财务管理活动。

企业财务管理集中于企业如何才能创造并保持价值，以达到既定的经营目标。企业的财务管理人员从资本市场为企业筹集资金，并把这些资金投入企业决定经营的项目中，变成企业的实物资产。通过有效的生产和经营，企业获得净现金流入量，并把其中一部分作为投资回报分给股东和债权人，而另一部分留给企业用于再投资，同时企业还要完成为国家缴纳税款的义务。资金在金融市场和企业之间的转换和流动正是财务管理所起的作用。在高度不确定的市场环境中，财务管理已成为现代企业经营管理的核心，关系到企业生存和发展。财务管理人员只有把企业的筹资、投资和收益分配等决策做好，企业才能实现资产增值的最大化，才能有较强的生存和发展潜能。

1. 企业的财务活动

企业财务活动是以现金收支为主的企业资金收支活动的总称，具体表现为企业在资金的筹集、投资及利润分配活动中引起的资金流入及流出。

（1）企业筹资引起的财务活动。企业从事经营活动，必须要有资金。资金的取得是企业生存和发展的前提条件，也是资金运动和资本运作的起点。企业可以通过借款、发行股

---

① 倪向丽. 财务管理与会计实践创新艺术［M］. 北京：中国商务出版社，2018.

票等方式筹集资金，表现为企业的资金的流入。企业需要多少资金、资金从哪来、以什么方式取得、资金的成本是多少、风险是否可控等一系列问题需要财务人员去解决。财务人员面对这些问题时，一方面，保证筹集的资金能满足企业经营与投资的需要；另一方面，使筹资风险在企业的掌握中，以免企业以后由于无法偿还债务而陷入破产境地。

（2）企业投资引起的财务活动。企业筹集到资金以后，使用这些资金以获取更多的价值增值，其活动即为投资活动，相应产生的资金收支便是由企业投资引起的财务活动。

投资活动包括对内投资及对外投资。对内投资主要是使用资金以购买原材料、机器设备、人力、知识产权等资产，自行组织经济活动方式获取经济收益。对外投资是使用资金购买其他企业的股票、债券或与其他企业联营等方式获取经济收益。

对内投资中，公司用于添置设备、厂房、无形资产等非流动资产的对内投资由于回收期较长，又称对内长期投资。对内长期投资通常形成企业的生产运营环境，形成企业经营的基础。企业必须利用这些生产运营环境进行日常生产运营，组织生产产品或提供劳务，并最终将所产产品或劳务变现方能收回投资。日常生产运营活动也是一种对内投资活动，这些投资活动主要形成了应收账款、存货等流动资产，资金回收期较短，故又被称为对内短期投资。

企业有哪些方案可以备选投资、投资的风险是否可接受、有限的资金如何尽可能有效地投放到最大报酬的项目上是财务人员在这类财务活动中要考虑的主要问题。财务人员面对这些问题时，一方面，注意将有限的资金有效地使用以提高投资效益，另一方面，注意投资风险与投资收益之间的权衡。

（3）企业利润分配引起的财务活动。从资金的来源看，企业的资金分为权益资本和债务资本两种。企业利用这两类资金进行投资运营，实现价值增值。这个价值增值扣除债务资本的报酬即利息之后若还有盈余，即为企业利润总额。我国相关法律法规规定企业实现的利润应依法缴纳企业所得税，缴纳所得税后的利润为税后利润又称为净利润。企业税后利润还要按照法律规定按顺序进行分配：①弥补企业以前年度亏损；②提取盈余公积；③提取公益金，用于支付职工福利设施的支出；④向企业所有者分配利润。这些活动即为利润分配引起的财务活动。

利润分配活动中尤为重要的是向企业所有者分配利润。企业需要制定合理的利润分配政策，相关政策既要考虑所有者近期利益的要求，又要考虑企业的长远发展，留下一定的利润用作扩大再生产。

2. 企业的财务关系

"现代企业财务的本质是资金运动背后的各财务主体之间的财务关系，各种财务关系之间是不断变动调整的。"① 在企业发展过程中，离不开各种利益相关者的投入或参与，比如股东、政府、债权人、雇员、消费者、供应商，甚至是社区居民。他们是企业的资源，对企业生产经营活动能够产生重大影响。企业要照顾到各利益相关者的利益才能使企业生产经营进入良性循环状态。

（1）企业与其所有者之间的财务关系。企业的所有者是指向企业投入股权资本的单位或个人。企业的所有者必须要按投资合同、协议、章程等的约定履行出资义务，及时提供企业生产经营必需的资金；企业利用所有者投入的资金组织运营，实现利润后，按出资比例或合同、章程的规定，向其所有者分配利润。

（2）企业与其债权人之间的财务关系。企业除利用所有者投入的资本金进行经营活动外，还会向债权人融入一定数量的资金以补充资本金的不足或降低成本企业资本成本。企业债权人是指那些对企业提供需偿还的资金的单位和个人，包括贷款债权人和商业债权人。贷款债权人是指给企业提供贷款的单位或个人；商业债权人是指以出售货物或劳务形式提供短期融资的单位或个人。企业利用债权人的资金后，对贷款债权人，要按约定还本付息；对商业债权人，要按约定时间支付本金，若约定有利息的，还应按约定支付利息。企业同其债权人之间体现的是债务与债权的关系。

（3）企业与其受资者之间的财务关系。企业投资除了对内投资以外，还会以购买股票或直接投资的形式向其他企业投出股权资金。企业按约定履行出资义务，不直接参与被投资企业的经营管理，但是按出资比例参与被投资企业的利润及剩余财产的分配。被投资企业即为受资者，企业同其受资者之间的财务关系体现的是所有权与经营权的关系。

（4）企业与其债务人之间的财务关系。企业经营过程中，可能会有闲置资金。为有效利用资金，企业会去购买其他企业的债券或向其他企业提供借款以获取更多利息收益。另外，在激烈的市场竞争环境下，企业会采用赊销方式促进销售，形成应收账款，这实质上相当于企业借给购货企业一笔资金。这两种情况下，借出资金的企业为债权人，接受资金的企业即为债务人。企业将资金借出后，有权要求其债务人按约定的条件支付利息和归还本金。企业同其债务人的关系体现的是债权与债务关系。

（5）企业与国家之间的财务关系。国家作为社会管理者，担负着维护社会正常秩序、保卫国家安全、组织和管理社会活动等任务。国家为企业生产经营活动提供公平竞争的经营环境和公共设施等条件，为此所发生的费用须由受益企业承担。企业承担这些费用的主要形式是向国家缴纳税金。依法纳税是企业必须承担的经济责任和义务，以确保国家财政

---

① 杨乐兴. 基于要素资本理论的企业财务关系研究［J］. 会计之友，2013（7）：14.

收入的实现；国家秉承着"取之于民、用之于民"的原则，将所征收的税金用于社会各方面的需要。企业与税务机关之间的关系反映的是依法纳税和依法征税的义务与权利的关系。

（6）企业内部各单位之间的财务关系。企业是一个系统，各部门之间通力合作，共同为企业创造价值。因此各部门之间关系是否协调，直接影响企业的发展和经济效益的提高。目前企业普遍实行内部经济核算制度，划分若干责任中心、分级管理。企业为了准确核算各部门的经营业绩，合理奖惩，各部门间相互提供产品和劳务要进行内部结算，由此而产生了资金内部的收付活动。企业内部各单位之间的财务关系实质体现的是在劳动成果上的内部分配关系。

（7）企业与员工之间的财务关系。员工是企业的第一资源，员工又得依靠企业而生存，两者相互依存。正确处理好公司与员工之间的关系，对于一个公司的发展尤为重要，也是一个公司发展壮大的不竭动力。员工为企业创造价值，企业将员工创造的价值的一部分根据员工的业绩作为报酬（包括工资薪金、各种福利费用）支付给员工。企业与员工之间的财务关系实质体现的也是在劳动成果上的分配关系。

二、财务管理在企业经济管理中的作用

（一）使企业经济管理更加科学化与合理化

财务管理工作需要集中整理企业的发展信息、资源以及工作流程，掌握各部门最全面细致的数据、资源，因此企业开展各项工作之前，应该从宏观角度通过财务管理协调各部门工作并且提供科学有效的策略。面对严峻的全球市场竞争状况，企业每一个决定都影响着未来的发展。因此在决策过程中不仅要谨慎制订计划，科学分析内外部环境，还要通过财务管理的数据，了解企业整体情况，最后形成稳定安全的预测，保障企业走可持续发展之路。

同时，在企业经济管理过程中，要将财务管理放在核心位置上，因为经济管理是由生产、运输、销售等多个环节组成的，每一个环节的背后都有财务管理操控。财务管理最重要的作用就是控制资金，为各部门开展工作或项目提供资金支持，保证企业正常运转。除了企业正常的经营外，财务管理还可以通过如投资、买股等方式增加企业的额外收入，让企业没有后顾之忧。

（二）使企业经济管理的资源得到合理分配

在企业经济管理中充分发挥财务管理的作用，既要从宏观角度出发，又要从企业关键

的成本角度分析。①坚持成本控制原则，从企业的生产、运输、销售等各个方面有效控制成本。一方面提高资源利用率，另一方面多元化提高成本的价值。②财务管理把控着企业的发展与运行。财务管理能够了解企业最真实的资产，掌握产品数量、质量信息，也能控制现金流动方向，所以财务管理可以统筹全局，协调运作，合理利用和分配资源。为了避免企业的资源、资金被滥用、多用，财务管理也应该逐渐科学化、效率化提升管理水平，轻松应对企业风险。

例如，企业应该合理控制企业的资金流向，在分析经营、投资以及筹资活动产生的现金流量净额基础上，计算现金流量比例，寻找改变现金流量的原因，以此策划更加符合企业发展的资金计划。同时保证现金流量的稳定与安全，让企业管理无忧患。

（三）使企业经济管理的水平提高

随着现代企业对财务管理工作的重视程度不断增加，财务管理逐渐涉及企业的方方面面，因此要想提高企业经济管理水平，就要让财务管理从宏观角度出发，采用科学合理的方式运营企业。这样不仅能化解企业发展过程中的内部问题，还能积极应对外部风险，如可以通过合法、合理的避税手段减少企业的税务压力，将资金投入更重要的领域。财务管理能让企业跟随经济发展方向妥善调节企业结构，提高对市场的适应性，在快速变化的经济形势中做出正确的决定，从根本上保证企业的发展安全。

（四）使企业经济管理的市场敏感度增加

面对机会与挑战并存的新经济时代，企业要想在市场竞争中脱颖而出就必须提高财务管理能力，重视分析企业的经济收入，节约企业的运行成本，才能快速增加企业的经济效益。企业要想抓住发展机会就要重视开拓市场，拥有稳定的供应商和客户，而高水平的财务管理能够为企业提升市场敏感度，在快速满足需求的基础上，积极应对市场的各种变化。

财务管理的统筹协作能力与优越的前瞻性可以为企业制定科学的经营策略，提高产品质量，合理降低产品成本，提升生产效率和服务水平，让企业赢在起跑线上。因此财务管理对资金的管控能力至关重要，可以通过分析企业的经济状况，改善亏损提高盈利，将资金用在企业发展的刀刃上。

例如，财务管理通过分析企业不同产品、经营状况的收入构成，合理调整在企业产品、管理、研发、运营等方面的资金支出，让企业盈亏达到平衡。

（五） 监督企业经济管理的工作流程

财务管理工作最重要的特性就是监督性，这代表着财务管理不仅可以自我监督、约束，还可以监督企业部门与其他管理工作，因此财务管理的监督职能意味着公正。财务管理工作的主要内容是分析市场经济发展状况、企业收支情况等，随后根据新需求制订相应的计划与目标，保证企业财政科学运行。①财务管理的监督性主要是督控企业资金的合理变动与使用，如监督产品原材料的购买、生产、运输等，有利于降低成本、减少耗损，监督预算计划的实施有利于保证企业资金安全；②监督企业财务政策的制定与实行，合理的财务政策可以让企业财务的收支分配更加均衡有效，还可以反映企业的资金情况，保证各部门干净清廉；③财务管理可以监督企业依照国家法律发展、经营，让企业远离贪污腐败。

例如，可以公开企业每个年度、阶段的财务状况，既可以将企业项目清晰化，又可以让财务管理工作明了化，形成双重监督。

（六） 保证企业资金安全，提高经济效益

很多企业在发展过程中难以保证资金安全，缺乏专业的资金管理机制与监督体制，导致企业发展受到阻碍。因此，需要财务管理为企业资金提供安全保护，通过对资金的统筹管理、运用与监督，让资金用在企业重要的计划上，减少企业的运行成本。

有效发挥财务管理在企业经济管理中的作用，还可以提高企业的经济效益。利润最大化是企业的重要目标之一，也是企业存在与发展的基础。财务管理的目标与企业的目标具有相同方向。①财务管理贯穿企业发展的全部领域与过程，以坚持企业总目标为前提，制订相应的投资、筹资计划，帮助企业各部门顺利开展工作；②财务管理拥有企业最完整的数据库，掌握着企业发展过程中投资、经营状况、成本计算资料等，因此可以通过分析数据减少企业决策失误；③财务管理起到预测作用，研究企业前期的盈亏报表，纠正企业关于发展方向和领域的错误。财务管理在提高企业经济效益时，最重要的是将资金管理作为管理的关键任务，因为只有关注资金投入与支出的各个环节，才能确定企业结构的占比，随后具体领域具体策划，增加企业效益和企业优势。

第二节　现代企业营运资金管理与财务控制

一、现代企业营运资金管理

营运资金管理是一个越来越受重视的领域。由于市场竞争加剧和经营环境动荡，营运资金管理对企业盈利能力以及生存能力的影响越来越大。营运资金管理包括流动资产和流动负债。

（一）流动资产

以下是流动资产的特点：

第一，占用时间短。企业在流动资产上占用的资金，周转一次所需时间较短，通常会在一年或一个营业周期内收回，对企业的影响时间比较短。

第二，流动性强。有价证券、应收账款和存货等流动资产一般具有较强的变现能力，如果企业出现资金周转不灵，便可迅速变卖这些资产以获取现金，这对应付临时性资金需求有重要意义。

第三，具有波动性。占用在流动资产上的资金随着供产销的变化，时多时少，不断变化。

（二）流动负债

以下是流动负债的特点：

第一，筹资速度快。有些自发性负债，如应付账款、应付票据和预收账款等，是在经营过程中自然形成的，不需要做正规安排，因此筹资速度很快。其他短期负债如短期借款，在较短时间内即可偿还，债权人顾虑较少，也容易取得。

第二，筹资成本低。债权人通常对短期借款的限制条件比较少，使企业筹集的资金较为灵活，筹资费用比较低。另外，短期负债的利率也低于长期负债，使其占用成本也较低。

第三，风险大。短期债务的风险大于长期债务，这主要是因为短期债务的偿还期限较短，如果企业过多地筹措短期债务，当债务到期时，企业不得不在短期内筹措大量的资金偿债，容易导致企业资金紧张。此外，短期债务的利率随市场利率的变化而变化，有时高于长期债务的利率也是可能的。

第四，具有波动性。占用在流动资产上的资金并非一个常数，随着供产销的变化，其资金占用时高时低，波动很大。流动资产数量发生变动时，流动负债的数量往往也会发生相应变动。

二、现代企业的财务控制：筹资管理

"资金如同企业的血液，是企业赖以生存的基础，是企业稳定运营和扩大规模的重要条件。"① 企业资金的筹集，是根据企业生产经营活动、对外投资和调整资本结构的需要，通过一定的筹集渠道和资金市场，运用一定的筹资方式，经济有效地筹措和集中资金。企业的筹资活动，有其自己的目的和动机，并遵循筹资的基本要求，按一定的程序进行。

（一）常见的企业筹资渠道

筹集资金的渠道，是指企业取得资金来源的方向与通道，它体现着资金的源泉和流量。随着国家经济体制改革的深化和金融市场的建立、完善，企业筹资渠道已出现多样化的格局。具体有以下渠道：

第一，国家财政资金。国家对企业的投资历来是国有企业的主要资金来源，大部分是过去由国家以拨款方式投资而形成的。国家财政资金具有广阔的源泉和稳固的基础，仍然是国有企业筹集资金的重要渠道。国家投资的特点包括：不具备借贷性质；不存在还本付息问题；资金数量一般较大；产权属国家所有；一般是投向国有企业。

第二，银行信贷资金。银行贷款是企业单位以及林业部门中的林场、苗圃的重要资金来源。我国主要的专业银行有工商银行、农业银行、建设银行、中国银行、交通银行以及中信实业银行和投资银行等。这些专业银行都有较雄厚的资金实力，并有国家财政存款、居民储蓄等经常增长的资金来源。所提供的信贷资金、贷款方式多种多样，能灵活适应企业的各种资金需要。

第三，非银行金融机构资金。非银行金融机构，主要指银行以外的、由各级政府主办、以融通资金为主要目的的金融机构，主要有信托投资公司、租赁公司、保险公司、证券公司、企业集团的财务公司及街道集体成立的信用社等。它们有的承销证券，有的融资融物，有的为一定的目的而集聚资金。这些金融机构资金，供应方便灵活，对保证企业正常生产、解决临时困难有很大作用。

---

① 罗仕英. 企业筹资方式选择与优化探析［J］. 中国市场，2021（13）：102.

第四，其他企业资金。企业在生产经营活动中，往往有部分暂时闲置的资金，可供企业之间相互调剂使用。随着横向经济联合的发展，企业之间的资金融通更加广泛深入，这就为筹资企业提供了资金来源。其他企业资金的投入包括联营、入股、债券及各种商业信用，既有长期的稳定投入，又有短期的临时融通。

第五，民间资金。企业职工和城乡居民的节余货币，都可以向企业进行投资，形成民间资金渠道，为企业所利用。职工集资入股，能更好地体现劳动者与劳动资料的直接结合，增加劳动者主人翁的责任感，有利于促进生产的发展和经济效益的提高。企业经批准可以公开向社会发行股票、债券，吸引民间资金。这一筹金渠道为动员闲置的消费资金、积极投入企业生产经营需要有重要的作用。

第六，企业自留资金。企业内部形成的资金，主要是计提折旧，提取公积金和未分配利润而形成的，可用于企业的周转，其来源多少主要取决于企业的经济效益。

第七，外商资金。外商资金是指外商可向企业投入的资金。由于我国社会主义市场经济体制的建立和开放政策的扩展，来华投资者的国别和地区日益增加，投资规模也日益扩大。吸收外资不仅可以满足生产经营资金的需要，而且能引进国外先进技术和管理经验，促进企业技术进步、产品质量的提高。

（二）常见的企业筹资方式

"企业只有了解各种筹资方式及其为企业带来的风险和影响企业筹资方式选择的因素等，才能帮助企业进行筹资决策，依据自身情况制定防范筹资风险的措施。"[1] 资金筹集方式，是指企业取得资金的具体形式。同一渠道的资金往往可以采用不同的方法取得。企业的筹资方式除了国内传统采用的国家拨款、银行借款、企业内部积累外，还可以采用发行股票、债券，进行租赁、联营、合资合作经营、补偿贸易、商业信用等方式筹资。

（三）企业筹资的基本程序

选择合适的筹资渠道和筹资方式，减少企业筹集资金的盲目性，节约资金成本，则必须按照科学的程序进行筹资。一般情况下，企业筹集资金的基本程序如下：

第一，投资决策，确定资金投向。确定资金投向，是合理筹集资金的先决条件。通过市场调查和预测，可以了解企业的生产经营活动，衡量为市场所需的程度，据此确定企业的发展方向，并根据新产品开发试制方案、价格与成本水平，最后确定资金投向，制定投

---

① 周乔. 企业筹资方式分析 [J]. 决策与信息（下旬刊），2016（10）：41.

资方案。

第二，盘点资金，挖掘自有资金潜力。充分借用外来资金进行生产经营，能提高自有资金的利用率。但过分的负债经营往往会带来较大的财务风险，甚至会使企业由于偿债能力丧失而破产。因此，企业在复杂的财务环境中，首先要立足于自身的条件，在充分挖掘、发挥自身资金的潜力和效能的同时，决定最优的资本结构，来进行负债经营。

第三，拟定方案，进行方案评估。为实现筹资目标，往往有多种途径和办法。只有提出一定数量可供选择的方案，使之有比较和选择的余地，才能最后获得最佳的投资方案。对拟出的各种筹资方案，应进行分析、权衡和论证，即进行筹资方案评估。方案评估方法一般包括：可行性研究、协调性分析、综合效益分析和风险评估分析。

第四，确定方式。确定筹资方式是指在拟定的各种筹资方案中选出具体条件下相对最优的筹资方案。在一般情况下，企业对资金的长期需要，宜采用长期银行借款、企业债券、企业股票、融资租赁等方式。对于短期资金的需要，宜采用银行借款、商业信用等形式。

三、现代企业的财务控制：投资管理

（一）证券投资的管理

1. 证券投资的目的

（1）短期证券投资的目的。短期证券投资的目的是为了替代非营利的现金，以便获得一定的收益，其原因主要有以下两方面：

第一，短期证券作为现金的替代品，可防止现金短缺可能产生的损失。由于短期证券变现能力强，企业在有多余现金的时候，常将现金兑换成有价证券，待企业现金流出量大于流入量、需要补充现金的不足时，再出让有价证券，换回现金。在这种情况下，有价证券就成了现金的替代品。

第二，获取投资收益，满足季节性经营对现金的需求。由于证券的利率一般高于银行存款利率。企业持有有价证券比持有现金得到的收益大。从事季节性经营的企业，年内某些月份有剩余现金，而另一些月份则出现短缺，这些企业通常在现金有剩余时购入有价证券，而在现金短缺时出售变现有价证券。企业在做短期证券投资时，必须充分了解发行企业的资信情况，选择信用程度高、变现能力强、报酬率高的证券进行投资。

（2）长期证券投资的目的。第一，为了获取投资报酬。企业如拥有比较充裕的现金，而本身又没有盈利较高的投资计划，便把长期闲置的资金投资于证券，以便增加收益。

第二，为了获取控制权。企业从战略上考虑，需要控制其他企业时，便动用一定的资金购买该企业的股票，直到拥有其股权、控制该企业为止。

2. 证券投资的风险

（1）利率风险，指市场利率变化导致证券价格波动而使投资者遭受损失的可能性。一般来说，市场利率上升，会导致证券价格下跌；相反，市场利率下降，则会导致证券价格上升。

（2）购买力风险，又叫通货膨胀风险，是指由于通货膨胀率上升和货币贬值而使投资者出售证券或到期收回所获取的资金的实际购买能力下降的风险。

（3）市场风险，是指因证券市场变化不定，证券的市价有较大不确定性或难以预见性，从而造成投资者损益的不确定性。

（4）违约风险，是指证券发行人无法按期支付利息或偿还本金的风险。

（5）变现风险，又叫流动性风险，是指企业无法在短期内以合理价格出售有价证券的风险。如果投资者遇到另一个更好的投资机会，需在短期内出售有价证券，以实现新的投资，但找不到愿意出合理价格的买主而丧失新的投资机会或者蒙受损失。

（6）期限性风险，是指由于证券期限长而给投资者带来的风险。投资期限越长，投资的不确定性因素就越多，投资者承担的风险就越大。

（二）债券投资的管理

债券是发行者为筹集资金，向债权人发行的在约定时间支付一定比例的利息，并在到期时偿还本金的一种有价证券。

1. 债券投资的目的与特点

（1）债券投资的目的。企业债券投资的目的有两个：①合理利用闲置资金，调节现金余额。如企业进行短期债券投资，就是在现金余额太多时，通过购买短期债券使现金余额降低；而当现金余额太少时，通过出售手中的短期债券收回现金，从而使现金余额提高。②获得稳定收益。企业投资长期债券就是这一目的。

（2）债券投资的特点。债券投资的特点，主要包括：①易受投资期限影响，无论是长期债券投资还是短期债券投资，都有到期日，债券到期收回本金，同时意味着本次投资结束；②投资权力有限，债券持有人有权投资债券，同时按照约定取得利息，到期收回本金，但是无权参与被投资企业的经营管理；③收益稳定，投资风险小，债券的投资收益通常在购买时已经确定，与股票相比，债券收益率不高但稳定性强，投资风险较小。

2. 债券价值与投资决策

（1）债券价值。债券投资主要是为了获得收益。对债券持有者而言，购买债券后，可定期获取固定利息。正常情况下，债券投资产生的现金流量，就是每年的利息收入和债券到期时的本金回收。影响债券价值的因素主要是债券的票面利率、期限和所采用的贴现率等。债券一旦发行，由于面值、期限、票面利率都相对固定，此时市场利率成为影响债券价值的主要因素。

（2）债券投资决策。债券投资决策主要是对投资时机、投资期限及债券种类做出选择的过程，决策的结果就是在符合约束条件的前提下，尽可能实现投资目标。证券投资决策通常包括积极的投资策略和消极的投资策略两种。积极的投资策略表现为：①根据预期利率的变动主动交易；②采用控制收益率曲线法，通过持续购买期限较长的债券，达到实现较高投资收益率的目标。典型的消极投资策略就是买入债券并持有至到期。

3. 债券投资收益

债券投资收益是指债券到期或卖出时收回的金额与债券购入时的投资额之差。债券投资收益一般由两部分组成：一部分是利息收入，即债券的发行者按债券票面金额的一定比例支付给债券持有者的那部分货币；另一部分是买卖差价，即债券中途买卖时价格往往不一致，当买价低于卖价，卖出者就会获利；相反，卖价低于买价，卖出者就会遭受损失。

债券投资收益力的大小，可以用投资收益率指标表示。债券投资收益率是指每期（年）应收利息与投资额的比例。

（三）股票投资的管理

1. 股票投资的目的

股票是股份有限公司为筹集权益资本而发行的有价证券，是持股人持股的凭证。股票本身没有价值，它之所以有价格，可以买卖，是因为它能给持有者带来收益。股票价格分为开盘价、收盘价、最高价和最低价等，投资者在进行股票估价时主要使用收盘价。股票价格会随着经济形势和公司的经营状况的变化而升降。

企业进行股票投资，根本目的有两个：一是获利，即为了获得股利收入以及股票转让差价，其中股利是公司对股东投资的回报，它是股东所有权在分配上的体现；二是控股，通过大量购买某一特定企业的股票进而实现控制该企业的目的。如果以获利为目的，应分散投资；如果以控股为目的，则应集中投资。

2. 股票投资的特点

股票投资与债券投资都属于证券投资。证券投资的共同特点是高风险、高收益和变现快。但与债券投资相比，股票投资具有以下特点：

（1）投资风险大。由于股票投资属于权益性投资，持有人作为股东有权参与发行公司的经营决策，股票只能转让而不能要求股份公司偿还本金，所以股票投资者既要承受股票发行公司经营不善可能形成的收益损失，又必须面对股票市场价格变动可能造成的贬值损失，因而风险较大。

（2）投资收益高，但是收益不够稳定。股票投资因为风险大，所以收益也较债券投资高，但其投资收益没有债券的固定利息稳定。

（3）价格波动大。由于股票价格既受发行公司经营状况影响，又受股市投机因素的影响，所以股票价格波动较大。

（四）基金投资的管理

基金投资指一种利益共享、风险共担的集合证券投资方式，即通过发行基金股份或受益凭证，集中投资者的资金由基金托管人托管，由专业基金管理人管理和运用资金从事股票、债券等金融工具投资，以规避投资风险、谋求投资收益的证券投资工具。基金对引导储蓄资金转化为投资、稳定和活跃证券市场、提高直接融资的比例、完善社会保障体系、完善金融结构以及促进证券市场的健康稳定发展和金融体系的健全完善具有极大的促进作用。

基金投资的特点，具体如下：

第一，专家理财是基金投资的最大优点。一般而言，基金管理公司配备的投资专家都具有深厚的投资分析理论功底和丰富的实践经验，善于采用科学的方法来研究股票、债券等金融产品，投资行为一般趋于理性，从而使基金投资者能够在不承担较大风险的前提下获得较高的投资收益。

第二，投资方便是基金投资的基本立足点。证券投资基金最低投资量起点要求一般较低，投资方便，能够满足小额投资者对于证券投资的需求，投资者可根据自身财力决定投资大小。再则由于投资基金流动性强，大多有较强的变现能力，使投资者收回投资时非常便利。此外，我国目前对基金投资收益均实行免税政策。

第三，组合投资是基金投资的最大特点。组合投资，可分散风险。基于风险与收益平衡的考量，基金投资一般分散投资于多种不同类型、不同风险的股票，自然能够达到分散风险的目的。

第四，规模投资是基金投资的最大亮点。证券投资基金通过汇集众多中小投资者的资金，形成雄厚的实力，及规模效应，从而可以分别投资于多种股票。

第三节　数字化时代企业财务管理的流程优化创新

"随着网络信息化技术的飞速发展，信息化网络技术的广泛应用大大拓展了互联网技术的应用范围和应用领域。"① 互联网技术快速发展催生出数字经济模式，互联网凭借其独特优势向人们展现其强大的爆发力，各种技术接踵而至加快传统产业改革步伐，促使传统产业与网络进行结合，如通信技术、大数据、云计算、网络交互等。大量新产品、新业态出现在大众视野中，多样化的高质量产品进入千家万户。在移动互联网快速发展的影响下，智能手机成为消费者不可或缺的重要物品，凭借移动互联网的优势，智能手机易于携带、功能齐，彻底改变了人们的生活方式。当数字化逐渐转化为智能化过程时，产品质量和效能也随之提高。网络与经济社会的逐渐融合将人们正式引进数字经济时代。

一、促使企业财务数字化管理观念的提升

第一，加强对企业的财务管理工作的数字化意识。企业管理人才是企业数字化管理的核心要素，企业可以请业内的相关专家来进行企业财务管理人员的专业知识教育与职业教育，让他们清晰地认识到，企业正在朝着数字化、智能化的方向发展，如果还是局限于过去的观念和思想，迟早会被时代所抛弃，而企业若采用数字化的财务管理模式，不但可以提高企业的核心竞争能力，还可以提高企业的决策准确率，让企业能够享受到更多的改革红利。

第二，企业内部员工是实施数字化财务管理的重要参与者和实施主体，因此，要使各部门的观点保持一致，从而促进数字财务管理的成功转型。企业可以让雇员更好地理解数字化财务管理和运行的基本模式，增加数字化工作的体验，并让他们感受到大数据、云计算、物联网等技术应用的高效性，进而转变他们的思维模式。

第三，加强财务管理团队的建设，要把数字化的理念融入数字化财务管理的工作中，让他们深入感受数字化技术的优势，让他们愿意接收和利用数字化进行日常的财务统计与核算工作。与此同时，对企业的职员进行从上到下的数字化财务管理，其中包括建立数字报表平台、业财融合平台等，从发票获取、扫描报账单据等最基本的工作开始，全面提高员工的基本素质。

---

① 　孙建中，徐晓海. 大数据时代的思维变革 [J]. 信息通信，2014 (11)：137-138.

二、重视企业数据的安全保护

第一，在企业的信息化建设中，要加大投资力度。为保证企业的数字化财务管理工作，必须有一种强有力的后台做支持，当企业拥有大量的用户时，就必须有一套高计算能力的硬件来进行业务往来和存储。而且，为了保证企业的安全运行，企业必须在其雇员的终端设备上安装与外部环境无关的软件和硬件，从而保证企业的信息安全，同时也保证了企业内部人员在使用公司财务管理系统时不受外界因素的影响。小型企业使用第三方金融管理系统时，应对其进行实地考察，并与其在数据传输、使用、保管等方面达成协议，以最大程度约束其行为，确保数据的安全。

第二，加强对核心财务管理人员使用数字平台的培训工作，确保财务数据的安全运行、维护和分析。在顶层设计中，企业必须对企业的财务信息负有保密责任，与主要财务主管签订责任协议，规范拥有较高权限的财务经理的行为，尤其是在非工作时间和离职后，必须严格遵守公司的财务管理规定。

第三，在关键管理信息泄漏后，要采取技术、法律、人事等方面的补救措施，及时弥补因泄漏而造成的经济损失。

三、强化财务信息共享平台的建设

要想实现企业财务共享和业财融合，建立数字化财务共享系统是一个关键步骤。整合全体职工的意识，并在上级的协调下和统一领导下，打通企业的资金流、业务流以及信息流，及时对每个业务进行实时的纪录。企业所有的经济行为必须以统一的体系将所有的业务连接在一起，打通内外部的信息障碍，使得企业中的各个部门密切地联系在一起。

与此同时，利用互联网+、物联网、云计算等数字化技术，建设智能化的税务系统，实现企业与企业的有效协作，实现业务、财务和税务的统一处理和管理，从而提升企业的经营效益。包括建立企业费用控制单元，智能化支付，采购金额支付；实现机动性，突破场地局限，提高生产效能；对企业的成本进行即时的审计，云端储存，员工日常报销，对公付款；实现智能化，采购金额支付；通过实施可移动性管理，突破地域的局限性，提高工作效能，使企业的成本消耗控制在预算范围内，对成本进行实时的分析和监测，对税务的财务信息进行及时的核实和审查。

运用大数据分享技术，建立包括预算管理、成本管理和绩效管理在内的数据处理系统，将以往的数据和现有的数据相融合，发掘其经营潜力，对企业的经营发展趋势做出精确的判断，使公司管理部门能够更好地了解当前的经济形势，同时做出正确的决定。

参考文献

[1] 吴悠. 微观经济学与宏观经济学的关系研究 [J]. 商展经济, 2022 (02)：21-23.

[2] 史建强, 武云博. 企业经济管理措施优化策略 [J]. 价值工程, 2022, 41 (24)：13-15.

[3] 郑佰慧. 加强企业经济管理方法研究 [J]. 商场现代化, 2022 (22)：50.

[4] 董天翔, 赵菲同. 目标成本管理在企业经济管理中应用探究 [J]. 全国流通经济, 2022 (8)：23-25.

[5] 杨乐兴. 基于要素资本理论的企业财务关系研究 [J]. 会计之友, 2013 (7)：14-26.

[6] 罗仕英. 企业筹资方式选择与优化探析 [J]. 中国市场, 2021 (13)：102-107.

[7] 孙建中, 徐晓海. 大数据时代的思维变革 [J]. 信息通信, 2014 (11)：137-138.

[8] 陈承明, 曹艳春, 王光飞. 宏观经济学 [M]. 上海：上海财经大学出版社, 2016.

[9] 陈明生. 基金投资的风险控制研究 [J]. 甘肃社会科学, 2005 (1)：177-179, 176.

[10] 陈秋涵. 凸函数在微观经济学中的应用 [J]. 科技通报, 2014 (5)：48-50, 54.

[11] 程博. 基于心理账户视角的企业投资行为研究进展 [J]. 财会月刊, 2012 (30)：74-76.

[12] 范小仲. 微观经济学的逻辑结构与内容演绎 [J]. 中南民族大学学报 (人文社会科学版), 2010, 30 (5)：137-140.

[13] 范志勇, 宋佳音, 王宝奎. 开放条件下中国国民收入增长核算及效率研究 [J]. 经济理论与经济管理, 2013 (6)：21-30.

[14] 冯文秀. 我国公开市场业务发展的现状、问题及对策研究 [J]. 财富时代, 2020 (12)：185-186.

[15] 郭磊, 黄卓, 姚伟. 现代微观经济学的新发展 [J]. 江汉论坛, 2003 (7)：46-48.

[16] 韩春伟, 潘爱玲. 行为财务理论框架下的公司投资行为研究综述 [J]. 经济与管理研究, 2008 (03)：60-65.

[17] 郝文波. 沉没成本理论在金融危机背景下的应用——浅谈投资者理性投资行为的建立 [J]. 企业经济, 2009 (12): 60-62.

[18] 姬海华, 龚光明. 基于行为财务理论的企业投资行为研究 [J]. 会计之友 (上旬刊), 2009 (07): 109-110.

[19] 姜鸿斌, 高效. 浅议我国失业类型及对策 [J]. 哈尔滨商业大学学报 (社会科学版), 2004 (02): 30-31, 67.

[20] 李传志, 宋忆宁. 关于乘数原理教学的一些体会 [J]. 教育现代化, 2020, 7 (43): 116.

[21] 李红莲. 浅议构建和谐社会财政政策的主要内容 [J]. 现代经济信息, 2018 (20): 204.

[22] 李享. 关于我国近期通货膨胀的成因及治理措施分析 [J]. 时代金融, 2014 (18): 5, 9.

[23] 刘贯春, 张军, 刘媛媛. 宏观经济环境、风险感知与政策不确定性 [J]. 世界经济, 2022, 45 (08): 30-56.

[24] 刘尚希, 刘微, 梁季. 我国国民收入分配的决定因素分析 [J]. 涉外税务, 2011 (2): 9-14.

[25] 刘新楼. 微观经济学案例教学效果的影响因素与应对措施 [J]. 福建茶叶, 2020, 42 (1): 137.

[26] 龙晶, 曾亚东. 基于行为金融学对中国股市中个人投资者投资行为的分析 [J]. 时代金融, 2018 (06): 149, 152.

[27] 罗玉琳, 张正杰. 完全竞争市场的利弊分析 [J]. 西南民族大学学报 (自然科学版), 2011, 37 (S1): 212.

[28] 门超, 李奕. 锚定效应对股票市场有效性的影响 [J]. 商场现代化, 2010 (21): 169.

[29] 荣喜民, 宋瑞才. 有关保险基金投资的研究 [J]. 数理统计与管理, 2004, 23 (4): 49-52.

[30] 舒燕. 微观经济学课程的可实验性和实验教学 [J]. 实验室研究与探索, 2015, 34 (10): 206-209.

[31] 唐现杰, 任松涛. 投资者行为偏差及其对策分析 [J]. 商业研究, 2006 (04): 149-152.

[32] 童雪晖. 关于国民收入核算原则的思考 [J]. 求实, 2006 (Z2): 154-155.

[33] 王冀宁，干甜. 投资者认知偏差研究评述 [J]. 经济学动态，2008 (12)：112-117.

[34] 王均坦. 结构性货币政策工具实践 [J]. 中国金融，2020 (21)：82-84.

[35] 薛春明. 基于审计视角的私募基金投资人利益的保护研究 [J]. 中国内部审计，2021 (7)：89-91.

[36] 姚颐，刘志远. 基金投资行为的市场检验 [J]. 山西财经大学学报，2007，29 (11)：109-113.

[37] 张传明，姚根. 行为财务理论在企业投资决策中的应用研究 [J]. 会计师，2010 (12)：4-5.

[38] 张世铭. 行为金融学的投资者风险偏好探析 [J]. 经贸实践，2016 (15)：61.

[39] 张淑惠，陈珂莹. 锚定效应对经济管理决策的影响研究述评 [J]. 财会月刊，2018 (10)：125-130.

[40] 赵峰. 论国民收入分流与储蓄存款变化规律 [J]. 经济经纬，2002 (4)：11-13，23.

[41] 郑登津，孟庆玉，袁淳. 税率锚定效应与企业投资决策 [J]. 金融研究，2021 (11)：135-152.

[42] 朱芬华，黄邦根. 关于"国民收入核算"问题的几点思考 [J]. 技术经济，2006 (4)：83-85，59.

[43] 庄越，姚金伟. 基于 ARMA-EGARCH-M 模型的公募 FOF 基金投资风格漂移研究 [J]. 金融发展研究，2020 (9)：13-20.

[44] 祖雅桐，张彦彦，缴润凯，等. 初始投资金额对沉没成本效应的影响 [J]. 商场现代化，2020 (15)：130-132.

[45] 左正强，吴斌. 基金投资行为及其股价效应 [J]. 技术经济与管理研究，2012 (5)：100-103.